Aufwertung und Identität im transkulturellen Raum

Reviewed Research. Auf den Punkt gebracht.

Springer VS Results richtet sich an AutorInnen, die ihre fachliche Expertise in konzentrierter Form präsentieren möchten. Externe Begutachtungsverfahren sichern die Qualität. Die kompakte Darstellung auf maximal 120 Seiten bringt ausgezeichnete Forschungsergebnisse „auf den Punkt".

Springer VS Results ist als Teilprogramm des Bereichs Springer VS Research besonders auch für die digitale Nutzung von Wissen konzipiert. Zielgruppe sind (Nachwuchs-)WissenschaftlerInnen, Fach- und Führungskräfte.

Philipp Kohl

Aufwertung und Identität im transkulturellen Raum

Divergierende Rezeptionen
zweier Mannheimer Stadtquartiere

Philipp Kohl
Ruprecht-Karls-Universität Heidelberg
Deutschland

ISBN 978-3-658-02562-5 ISBN 978-3-658-02563-2 (eBook)
DOI 10.1007/978-3-658-02563-2

Die Deutsche Nationalbibliothek verzeichnet diese Publikation in der Deutschen Nationalbibliografie; detaillierte bibliografische Daten sind im Internet über http://dnb.d-nb.de abrufbar.

Springer VS
© Springer Fachmedien Wiesbaden 2013
Das Werk einschließlich aller seiner Teile ist urheberrechtlich geschützt. Jede Verwertung, die nicht ausdrücklich vom Urheberrechtsgesetz zugelassen ist, bedarf der vorherigen Zustimmung des Verlags. Das gilt insbesondere für Vervielfältigungen, Bearbeitungen, Übersetzungen, Mikroverfilmungen und die Einspeicherung und Verarbeitung in elektronischen Systemen.

Die Wiedergabe von Gebrauchsnamen, Handelsnamen, Warenbezeichnungen usw. in diesem Werk berechtigt auch ohne besondere Kennzeichnung nicht zu der Annahme, dass solche Namen im Sinne der Warenzeichen- und Markenschutz-Gesetzgebung als frei zu betrachten wären und daher von jedermann benutzt werden dürften.

Gedruckt auf säurefreiem und chlorfrei gebleichtem Papier

Springer VS ist eine Marke von Springer DE. Springer DE ist Teil der Fachverlagsgruppe Springer Science+Business Media.
www.springer-vs.de

Prolog - Der Flaneur

Er verlässt seine Wohnung in den K-Quadraten. Es ist Sonntagnachmittag, fast schon Abend. Und dennoch ist es stickig heiß, typisch für den Sommer in seiner in Quadrate angelegten Großstadt mit mangelnder Luftzirkulation. Er hat sein Tagwerk am Schreibtisch beendet, seine Augen sind müde und er ist hungrig. Nur zwei Häuser weiter gäbe es ausreichend Speise-Lokale, doch er entschließt sich für den Gang zu seiner Lieblingspizzeria und flaniert durch seinen Kiez. Er wohnt im Stadtteil namens Filsbach. Sein Ziel liegt im Jungbusch. Für die Bewohner der Großstadt gehören beide Stadtteile zusammen. Wie eigenartig, denkt er, sind beide Stadtteile doch so unterschiedlich und zudem von einer Hauptverkehrsstraße sichtlich getrennt. Er reibt sich die müden Augen und beginnt seinen Spaziergang.

Wie gut er diese Viertel kennt, denkt er staunend, wie vertraut ihm die Bilder, Klänge, Gerüche und Menschen sind. Die sich doch täglich ändern.

Er schlendert über die Straße zwischen den G- und H-Quadraten, die von den Menschen seiner Stadt nur „Dönermeile" genannt wird. Die ungewöhnliche Stille fällt ihm auf. Für die Menschen seiner Stadt ist Sonntag ein wahrhafter Ruhetag. Weniger Autos, weniger Menschen, die in Geschäfte drängen. Nur der Kiosk in G5 und der benachbarte *Call-Shop* haben heute Betrieb.

Gestern, vor genau 24 Stunden, war die Filsbach noch menschen- und verkehrsüberlastet, die „Markt"- und „Dönerstraße" ein tosendes Meer aus Lärm und Geschäftigkeit. Die größtenteils migranten- und türkenbetriebenen Einkaufsläden locken mit Lebensmitteln, Brautkleidern und Urlaubsreisen. Das Angebot ist vielfältig. Die Nachfrage ist es auch. Die Schaufenster werben in deutscher, aber auch in türkischer Sprache. Ein kurzer Blick in die Läden genügt, um zu verstehen, dass die Geschäfte in diesem Viertel florieren. Das kulturkreisspezifische Angebot spiegelt sich auch im Bild der Passanten wider. Man sieht viele Kopftücher, hört fremde Sprachen. Doch nicht jeder Passant kauft ein. Viele nutzen die Straße scheinbar als Terrasse, als öffentliches Wohnzimmer und halten sich dort einfach nur auf. Diskutieren, reden lauter miteinander, als es die Passanten auf den „Planken", einer belebten Fußgängerzone der Innenstadt, tun würden. Er lacht innerlich, als er darüber nachdenkt. Ihm wird klar, warum Leute, die aus der Vorstadt hierherkommen, sich in diesem Viertel fremd, quasi als Tourist fühlen. Zu viele Eindrücke, Überraschungen und Fremdartigkeit, als dass sie umhin kämen, sich wie in einer fremden Stadt fragend und staunend umzusehen.

Er setzt seinen Weg fort, vorbei an der Polizeiwache, vorbei an vielen geschlossenen Geschäften, ein paar geöffneten, jedoch spärlich besuchten Spelunken, bis er schließlich zum Swansea-Platz kommt, dem eigentlichen Herz der Filsbach. An den Platz grenzt auch das „Café Filsbach". Mit seiner Werkstätte und Freizeitmöglichkeiten eine Anlaufstelle für viele Kinder des Viertels. Der Swansea-Platz ist auch an diesem Sonntag stark bevölkert. Kinder spielen in der Mitte des Platzes Fußball, die Kleineren schaukeln. Auf Bänken, Tischtennisplatten und fest installierten Tischen sitzen die Mütter, viele mit Kopftüchern, vereinzelt sieht man Väter. Die intensive Nutzung des öffentlichen Raums von Bewohnern der unmittelbaren Umgebung fällt ihm positiv auf. Sie nutzen nicht die schönen, jedoch kostenpflichtigen Parkanlagen der Stadt und suchen sich stattdessen hier ihr Forum.

Er setzt seinen Weg zwischen den Quadraten G7 und H7 abermals fort, vorbei an vielen gut erhaltenen oder restaurierten Altbauten. Er lässt das Programm-Kino, das kleine Theater und ein paar Mode-Ateliers hinter sich, kommt vorbei an einigen gemütlichen Kneipen, in denen er sich selbst abends nicht selten aufhält sowie am neuen Verlagshaus der „Edition Panorama".

Ihm fällt staunend auf, wie schnell sich die Atmosphäre innerhalb der Quadrate geändert hat. Nur wenig spürt man hier noch vom migrantischen Flair. An den Hauseingängen machen plötzlich viele Schilder auf im Hinterhof liegende Ateliers, Werkstätten, Heilpraktikerpraxen und Büros Selbständiger aus kreativen Branchen aufmerksam. Er ist in den Bereich, der von kultur-afinem Publikum begangen und belebt wird, vorgedrungen. Belustigt erblickt er den dicken Kampfhund, der müde hinter der geschlossenen Eingangstür des „Pit Bull-Body Shops", einem Laden, der Substanzen zum Muskelaufbau und schwere Hanteln verkauft, wacht. Dieser Laden hebt sich unweigerlich ab, zumal er an den Neubau der „Edition Panorama" angrenzt und inhaltlich wie optisch einen ästhetischen Kontrast zur schlichten Eleganz des Sichtbeton-Baus schafft.

Er läuft weiter und gelangt zum Ring. An der Ampel vor dem Waschsalon bleibt er stehen und verweilt. Auf seiner Straßenseite endet die Filsbach, auf der anderen Seite beginnt der Jungbusch. Der die beiden Stadtteile trennende Ring ist ein wahres Ungetüm; mit seinen sieben Spuren ist er wohl der Innbegriff des Typs Straße, über die man sein Kind niemals alleine laufen lassen möchte. Und trotzdem sieht er auf der anderen Straßenseite zwei ihm bekannte kleine Jungen, die ihm fröhlich zuwinken. Kein Erwachsener an ihrer Seite.

Er überquert die Straße und steht vor dem „Rhodos", dem selbsternannten Tor zum Jungbusch und Mannheims bekanntester Partyspelunke. Er blickt in die Jungbuschstrasse und ist - wie so oft schon zuvor – angetan vom auffallend unspektakulären Anblick dieser Straße. Das hier ist ganz klar Wohngebiet. Wer die Bilder nicht kennt, wer nicht weiß, wie viel hier an den Wochenenden in den Abend- und Nachtstunden los ist, der wird dem Ruf dieser Straße als Ausgehmeile bei diesem sonntagnachmittäglichen Anblick kaum Glauben schenken. Auch hier reihen sich vornehmlich Altbauten aneinander. Durch die offenen Fenster der ersten Stockwerke erkennt er Stuck an hohen Decken. Der Blick zurück auf den Boden zeigt ihm schmutzigen Asphalt und achtlos drapierten Müll. Der Schmutz der Straße korrespondiert nicht recht mit den braven Fassaden, denkt er. Am Kiosk gegenüber stehen zwei Männer. Ihre Kleidung ist abgerissen. Mit der Bierflasche in der Hand diskutieren sie lallend lautstark über das deutsche Recht. Zwei türkische Jungs spielen nicht unweit davon gefährlich nahe am Ring Ball. Unbeeindruckt beider Szenen, schlendert ein schlanker, durchgestylter Mitzwanziger in Chinohosen vorbei, die *Ray-Ban*-Sonnenbrille auf seiner schicken *Undercut*-Frisur. Keine Frage – sie alle wohnen hier. Das ist Jungbusch.

Sein knurrender Magen lässt ihn seinen Gang fortsetzen. Zur Pizzeria ist es nicht mehr weit. Er biegt rechts ab und gelangt in die Beilstraße, einer verkehrsberuhigten Straße, die als *das* Forum des öffentlichen Raums bezeichnet werden kann. Hier treffen sich vor allem die Migranten-*Communities* des Jungbusch. So auch heute. Ein Ort der Klischees, muss er unweigerlich denken. Die Männer sitzen in Grüppchen auf selbst mitgebrachten Stühlen und fest installierten Sitzgelegenheiten. Die Frauen, ebenfalls in Grüppchen, sitzen näher am Spielplatz. Unzählige Kinder spielen und tollen herum. Es ist laut hier. Etwas abseits stehen die Gruppen der „Halbstarken". Einige sind komplett durchgestylt, in *Ed Hardy* und *Dolce&Gabana*, andere tragen augenscheinlich *Woolworth*.

Diese Straße ist bevölkert und belebt. Ihr Anblick macht für ihn den bis zum Exzess verwendeten Euphemismus des „bunten" und „lebendigen" Viertels für einen kurzen Moment tatsächlich nachvollziehbar.

Am Ende der Straße liegt „Giannis", die Pizzeria, sein Ziel.

Er betritt den Laden, bestellt im geschäftigen Treiben eine Pizza und registriert, dass auffallend viele Leute, die er der Techno- oder House-Subkultur zugeordnet hätte, mit ihm zusammen auf ihr Essen warten. Er schlussfolgert, dass gerade eine der „Loft-Beach-Partys" am „Hafenstrand" stattfinden muss, eine Veranstaltung am *Musikpark*, die regelmäßig hunderte von Elektro-Fans sonntags in den Jungbusch zieht.

Die Pizza ist fertig. Anstelle nach Hause zu gehen, wo nur der Schreibtisch mahnend wartet, entschließt er sich, an der neuen „Turnhalle plusX" ein paar Meter weiter zu essen und die restlichen Sonnenstrahlen des Tages zu genießen. Bevor er um die Ecke biegt, hört er bereits Lachen, Kindergeschrei und lautsprecherverstärkte türkische Musik. Auf der Grünfläche vor der Turnhalle findet ein großes Fest statt. Drei große Zelte sind aufgebaut, an einem Stand wird Essen ausgegeben. Viele Menschen sind hier, vornehmlich Türken. Eine Rede, die er nicht versteht, wird über ein Mikrophon übertragen. Anschließend dröhnt ihm erneut ein unbekanntes türkisches Volkslied entgegen. Menschen tanzen in Folkloretracht im Kreis. Dazwischen – unzählige Kinder. Ihr Lachen und ihre Präsenz verleiht der ganzen Szenerie eine unstreitbar harmonische und friedliche Atmosphäre. Er lächelt und entschließt sich zur Umdisponierung seines Abendessens an den Verbindungskanal, gleich hinter der *Popakademie*. Der hier vor fünf Jahren errichtete Holzsteg gibt den Blick auf die untergehende Sonne am fast schon als kitschig zu bezeichnenden Himmel über der Pfalz frei.

Kurz vor Erreichung seines Ziels ergeben die hysterisch zuckenden Flöten des türkischen Volksliedes eine ungewöhnliche Klang-Melange mit den monoton wummernden Bass-Tönen, die sich aus anderer Richtung durchsetzen. Sein Blick schweift nach rechts.

Am „Loft-Beach" tanzen hunderte junger Menschen zu Techno, regiert vom *DJ* auf der Kanzel. Die Gleichzeitigkeit der Eindrücke, der feiernden Menschen unterschiedlichster Herkunft, Kleidungs- und Lebensstilen und gänzlich anderen Zugängen zum Leben in ein und demselben Stadtteil überwältigt ihn für einen nicht unbeachtlichen Moment.

Während er seine Pizza isst und das Treiben beobachtet, ist er beeindruckt von soviel Leben und einem offensichtlich funktionierenden Nebeneinander verschiedener Subkulturen im öffentlichen Raum. Man müsste diesen Moment festhalten, denkt er. Man müsste einen Film drehen.

Inhalt

Prolog - Der Flaneur 5

1 Einleitung 11
    1.1 Aufbau und Relevanz der Arbeit 12
    1.2 Anthropology at Home – Zuhause in der Stadt 15

2 Der Kulturbegriff 19
    2.1 Konstruktivismus 19
    2.2 Diskussion des Kulturbegriffs 21
    2.3 Der traditionelle Kulturbegriff nach Johann Gottfried Herder ... 23
        2.3.1 Ethnische Fundierung 23
        2.3.2 Interkulturelle Abgrenzung 24
        2.3.3 Soziale Homogenisierung 25
    2.4 Die Rekonstruktion des Kulturbegriffs 27
    2.5 Transkulturalität und kulturelle Identität 28

3 Zu Raum und Sozialkapital 33
    3.1 Die (konstruierte) Rezeptionsweise des Raumes 34
    3.2 Stadtraum 35
    3.3 Ordnungskonzeptionen der Stadt 36
    3.4 Die Ordnungslogik der Quadratestadt Mannheim 38
    3.5 Access to Diversity – Diversity of Access 39
    3.6 Normen und Werte, Vertrauen, Netzwerke – Sozialkapital nach Oscar W. Gabriel 40

4 Gentrifizierung und Aufwertung 43
    4.1 Gentrifizierung – Geschichte des Begriffs 43
    4.2 Definitionsansätze 45
    4.3 Subformen 48
        4.3.1 Simulierte Gentrifizierung nach Esther Baumgärtner (Jungbusch) .. 48
        4.3.2 Symbolische Gentrifizierung nach Barbara Lang 50
    4.4 Der Kampf um Raum in den Quartieren Jungbusch und Filsbach ... 51
    4.5 Wer wertet hier eigentlich auf? 55

5	Methodologische Überlegungen	59
5.1	Qualitative Forschung	59
5.2	Extended-Case-Method	60
6	Beschreibung des Feldes Jungbusch und Filsbach	63
6.1	Die räumliche Verortung: Filsbach	64
6.2	Die räumliche Verortung: Jungbusch	66
6.3	Die Übergangszone zwischen Hafen und Stadt	66
6.4	Wirtschaftliche Nutzung des Hafens	68
6.5	Religiöse Einrichtungen	69
6.6	Kulturraum Jungbusch	69
6.7	Migration in Jungbusch und Filsbach	70
6.8	Die wirtschaftliche Nutzung der Filsbach	72
6.8.1	Quantitative Erhebung	74
6.8.2	Beobachtungen	83
6.9	Natürliche (Wirtschafts-)Areale im Feld	84
7	„Transnationalmannschaft" – ein Dokumentarfilm	86
7.1	Informanten und Beschreibung des Films:	87
8	Was ist der Jungbusch für mich? Drei Rezeptionsweisen	89
8.1	Mucho	89
8.2	Saki	93
8.3	Nawal	102
9	Schlussbetrachtung	108
9.1	Ausblick	111
Literatur		114
Danksagung		120

1 Einleitung

Im Fokus dieser Arbeit stehen zwei Mannheimer Stadtquartiere, in denen ich selbst seit nunmehr sieben Jahren wohnhaft bin: der Jungbusch und die Filsbach, letztere auch westliche Unterstadt genannt. Beide Quartiere fallen auf den ersten Blick durch ihren hohen Anteil an Migranten bzw. an Deutschen mit Migrationshintergrund auf. Über 80 Nationen sind in Jungbusch und Filsbach beheimatet, was sie zu typischen Beispielen für jene großstädtischen Bezirke macht, die meist mit dem Begriff ‚Migranten-Viertel' bezeichnet werden und für die die öffentliche Meinung oft den Befund einer ‚Parallelgesellschaft' oder eines ‚Ghettos' diagnostiziert.

Armut, hohe Kriminalitätsraten, Rotlichtgewerbe und eine soziale Marginalisierung prägten den Quartiersalltag im räumlichen Zentrum der Stadt Mannheim seit Ende des zweiten Weltkriegs (vgl. Keim 1995:44). Bis in die Gegenwart ist das Gebiet, typisch für Migranten-Viertel, von niedrigen Mietpreisen gekennzeichnet. In der Folge ziehen diese Viertel quasi traditionsgemäß eine wenig finanzkräftige Bewohnerklientel an: Neuimmigrierte, Studenten, Künstler, sozial Schwache.

Die geschichtliche Entwicklung führte in der Konsequenz dazu, dass der Jungbusch seit der Jahrtausendwende zu einem Gebiet erwuchs, in dem sich eine abend- und nächtliche Ausgehkultur mehr und mehr etablierte. Der Bezirk galt spätestens seit Ansiedlung der Hochschule *Popakademie Baden-Württemberg* sowie des Existenzgründerzentrums *Musikpark Mannheim* im Jahre 2003 zunehmend als *hip*, was die Präsenz von Studenten und Kulturschaffenden im Jungbusch verstärkte.

Die Filsbach hingegen entwickelte sich im Laufe der letzten Jahre zu *dem* migrantischen Einkaufszentrum der Metropolregion Rhein-Neckar. Die große Anzahl von meist türkischen Einzelhändlern sorgte dafür, dass sich dieser Teil der Mannheimer Innenstadt im Laufe der letzten Jahre zu einem exzellenten Standort für selbstständige Migranten entwickelte.

Beide Nachbarbezirke erleben im Laufe der letzten Jahre eine Aufwertung, wenngleich auf unterschiedliche Weise, wie auch mit einer unterschiedlichen Geschwindigkeit. Mittlerweile werden sie von der öffentlichen Meinung weniger als gefährlich und marginalisiert, sondern eher als interessant im Sinne einer positiven Fremdartigkeit wahrgenommen.

Obwohl die Filsbach Anfang der achtziger Jahre zum städtischen Sanierungsgebiet erklärt wurde, setzte eine langsam zu verzeichnende Aufwertung erst mit der Etablierung des migrantischen Einzelhandels ein. Diese Entwicklung ist demzufolge als Aufwertung anzusehen, die privatwirtschaftlich (*bottom-up*) vorangetrieben wurde.

Im Falle des Jungbusch ist zu beobachten, dass die aktuell stattfindende Aufwertung auf Strukturwandlungsprogramme zurückzuführen ist, welche darauf abzielen, das Quartier zum räumlichen Zentrum der hiesigen Kreativwirtschaften zu transformieren. Ein damit verbundener demographischer Wandel ist dabei ebenso wie die verstärkte gastronomische Nutzung des Raumes die Folge einer städtisch initiierten Wirtschaftsförderung (*top-down*), deren weitere Entwicklung aus jetziger Sicht abzusehen bleibt.

1.1 Aufbau und Relevanz der Arbeit

Die vorliegende Arbeit hat zum Ziel, den Status-quo der beschriebenen Aufwertungsprozesse in beiden Stadtquartieren darzustellen und auszuwerten sowie Identifikationsprozesse im Feld zu analysieren. Für die Erfassung der jeweiligen Lage werden dabei unterschiedliche methodische Ansätze herangezogen, um den einzelnen Richtungsimpulsen der Aufwertung (*bottom-up* und *top-down*) Rechnung zu tragen.

Obgleich in Jungbusch und Filsbach jeweils andere und auf den ersten Blick schwer vergleichbare Gewerbearten vorherrschen, wird in dieser Arbeit davon ausgegangen, dass der wirtschaftliche Stand der Aufwertung in der Filsbach weiter vorangeschritten ist als im Jungbusch. An Hand von eigens erhobenen quantitativen Daten zur Gewerbestruktur und den Einzelhändlern der Filsbach sowie einer dichten Beschreibung der ökonomischen Situation des Raumes wird illustriert, wie sich die Filsbach zu einem exzellenten Standort für migrantische Unternehmen entwickelt hat. Die Fokussierung auf bestimmte Fachgeschäfte und Dienstleistungsgewerbe versucht dabei via Plausibilität zu erklären, weshalb migrantische Konsumenten aus der näheren und auch aus der weiteren Umgebung über das bestehende Angebot von diesem Teil der Mannheimer Innenstadt angezogen werden. Die Leistung dieses Bezirks ist dabei im Hinblick auf seine Wirtschaftlichkeit, aber auch im Hinblick auf ein nach außen transportiertes Image, für die Stadt Mannheim nicht hoch genug einzuschätzen.

Die Situation im Jungbusch stellt sich anders dar und erfordert daher einen anderen Untersuchungsansatz. Eine städtisch initiierte Aufwertung, deren Umsetzung bislang noch nicht abgeschlossen ist und welche die wirtschaftliche Nutzung des Gebiets umdefiniert, prägt die aktuell herrschende Umbruchphase des Stadtquartiers. Eine demographische Transformation des Jungbusch ist dabei in Teilen bereits jetzt zu beobachten. Die hohe innere Diversität der Bevölkerung zwingt in der analytischen Betrachtung dazu, verschiedene Perspektiven auf jene Transformationsprozesse zu berücksichtigen. Daher wird diese Arbeit an Hand von drei Fallbeispielen exemplarisch illustrieren, wie unterschiedlich die Identifikation mit dem Raum aus Sicht der Bewohnerschaft ausfallen kann. Die sich dabei ergebenden Identifikationsmuster zeigen auf, wie der gleiche Ort auf unterschiedliche Weise rezipiert werden kann.

Da ich in dieser Arbeit die These vertrete, dass nur diejenigen Akteure (Bewohner und Unternehmen) eine nachhaltige Aufwertung des Raumes erwirken, die einen längerfristigen Verbleib anstreben, muss folglich in dieser Arbeit die Frage nach der Identifikation der Bewohner mit dem Raum ebenfalls zwingend berücksichtigt werden.

Im Hinblick auf den Jungbusch gilt es demnach darzustellen, wer einen Verbleib im Raum anstrebt und so, abseits der städtischen Förderprogramme, ein Interesse an der Aufwertung des Raumes hinsichtlich der Wohnqualität und/oder der wirtschaftlichen Wahrnehmung besitzt. Dabei ist von entscheidender Bedeutung, dass aus unterschiedlichen Identifikationen und Rezeptionsweisen des Raumes andere Idealvorstellungen von Aufwertung hervorgehen. Deren unterschiedliche Darstellungen in Fallbeispielen sollen plausibel machen, aus welchen Gründen bestimmte Aufwertungsstrategien vom jeweiligen Informanten bevorzugt werden.

Auf Grund der Tatsache, dass allein im Jungbusch Menschen aus 80 verschiedenen Ländern leben, die ihre nationale Identität meist essentialisieren sowie verschiedene urbane Subkulturen dieser Orts agieren, erachte ich eine ausführliche Diskussion des Kulturbegriffs für angebracht.

Diese Begriffserörterung ist zu Beginn der Arbeit zwingend, um den von mir vertretenen definitorischen Rahmen von Begriffen wie ‚Kultur', ‚Subkultur' oder ‚Ethnie' für den weiteren Verlauf der Arbeit zu umreißen und dem Leser vor Beginn des empirischen Teils meine theoretischen Auffassungen dieser Termini zu vermitteln. Es leuchtet hinsichtlich des begrenzten Umfangs der Arbeit ein, dass nicht jeder kontrovers diskutierte, wissenschaftliche Terminus im Verlauf dieser Arbeit erörtert werden kann. Im Falle eines für die Arbeit so zentralen Begriffs wie ‚Kultur' wird eine ausführliche Diskussion jedoch als notwendig erachtet.

Die explizite Erläuterung der Herder'schen Konzeption von Kultur wird im Zuge dieser Begriffsdiskussion vorgenommen, um zu verdeutlichen, als was sich die Vorstellung einer essentialisierten Nationalkultur in ihrer theoretischen Übersetzung darstellt. Vor dem Hintergrund, dass viele Informanten im Feld eine solche Essentialisierung ihrer nationalen Identität vornehmen und davon ausgehend auf ihre Umwelt blicken, erscheint mir dieser Schritt als angemessen. Die Erörterung von Herders Kulturkonzeption soll darüber hinaus die Ausgangslage der Rekonstruktion des Kulturbegriffs darstellen. Das Kapitel verdeutlicht zudem, weshalb sowohl Jungbusch als auch Filsbach als Gegenden zu bezeichnen sind, in denen die Transkulturalität des Raumes und seiner Bewohner verstärkt zu Tage tritt. Dieser Umstand ermöglicht Migranten die zeitgleiche Identifikation mit dem Heimatland ihrer Eltern sowie dem städtischen Raum (Jungbusch/Filsbach/Mannheim), in dem sie leben. Das Kapitel geht demnach auf theoretische Grundzüge von Transkulturalität ein.

Im darauffolgenden Kapitel soll neben grundlegenden Darstellungen des Konzepts zum sozialen Raum nach Bourdieu zudem die „Rezeptionsweise des Raumes" erläutert werden. Diese Begriffserklärung wird als notwendig erachtet, da sie eng mit den später aufgeführten Fallbeispielen einhergeht. Hierbei geht es um für die Ethnographie grundlegende Fragen: Wie wird die – objektiv betrachtet – gleiche Umwelt aus unterschiedlichen Perspektiven wahrgenommen? Wodurch wird diese Differenz in der menschlichen Wahrnehmung bedingt?

Im selben Kapitel werden verschiedene Ordnungskonzeptionen von Stadtraum vorgestellt, die den Leser zum Hannerz'schen Konzept von *access of diversity and diversity of access* führen. Dieses Konzept verdeutlicht, weshalb insbesondere Stadträume wie Jungbusch und Filsbach verstärkt die Möglichkeit zur Auslebung von multiplen Identitäten liefern und die Identifikationen mit unterschiedlichen Kollektiven ermöglichen. Die Erläuterung des Sozialkapital-Ansatzes von Oscar W. Gabriel versucht im Anschluss zu veranschaulichen, wie die lokalen migrantischen Netzwerke, die für Jungbusch und Filsbach prägend sind, ökonomische Defizite ihrer Mitglieder kompensieren können.

Daran anschließend widmet sich die Arbeit theoretischen Überlegungen zum Gentrifizierungsbegriff. Dabei werden nach einer anfänglichen Erörterung des basalen Definitionsrahmens zwei spezifizierte Facetten des Gentrifizierungsprozesses vorgestellt. Unter anderem wird hier Esther Baumgärtners Ansatz zur ‚simulierten Gentrifizierung' geschildert, den sie an Hand ihres Forschungsfeldes ‚Jungbusch' ausarbeitete. Über die Vorstellung dieses Ansatzes verlegt sich die Arbeit zum ersten Mal auf die Ebene der Analyse: Inhalte, Intentionen und tatsächliche Auswirkungen des Strukturwandels im Jungbusch werden aufgezeigt und damit zusammenhängende Konfliktlinien zwischen Anwohnern und Förderern der Kreativwirtschaft umrissen.

In einem eigens dafür angelegten Kapitel werden methodologische Überlegungen zur qualitativen Forschung und zur Datenerhebung in der Ethnologie thematisiert. Das Modell der *Extended-Case Method (ECM),* an welchem sich meine Vorgehensweise orientiert, wird im Zuge dessen kurz erläutert, um im folgenden Kapitel mit einer eingehenden Beschreibung der Quartiere Filsbach und Jungbusch fortzufahren. Hier wird nach einer anfangs vorgenommenen räumlichen Lokalisierung und einer Beschreibung der demographischen Auffälligkeiten die wirtschaftliche Nutzung beider Quartiere thematisiert. Fokussiert die Arbeit hinsichtlich des Jungbusch die Nutzung des Raumes durch die Kreativwirtschaften und die Intentionen des Strukturwandels, stellt sie bezogen auf die Filsbach die hiesige Gewerbestruktur und die Charakteristiken des Einzelhandels dar. Da in dieser Arbeit davon ausgegangen wird, dass die Filsbach in ihrer wirtschaftlichen Erschlossenheit weiter vorangeschritten ist als der Jungbusch, liegt der Fokus zur Erfassung des Status-Quo in diesem Teil auf dem Quartier Filsbach. Die eigens erhobenen Daten zur Gewerbestruktur sind unterteilt in migrantisch und nicht-migrantisch betriebene Gewerbe. Eine zusätzliche Unterteilung orientiert sich an den verschiedenen Gewerbsarten (Dienstleistung, Handel, Gastronomie). Die räumliche Verortung im Quartier wird dementsprechend über Topographien verdeutlicht.

Da die Vorproduktion und der Dreh des von mir initiierten Dokumentarfilms „Transnationalmannschaft" im Zuge dieser Arbeit als eine „Feldforschung light" angesehen wird, stellt das *Kapitel 7* kurz meine persönlichen Erfahrungen im Feld während dieser Zeit vor. Die Thematisierung dieser Filmproduktion wird als erwähnenswert angesehen, da die vorgestellten Fallbeispiele, ‚Mucho' und ‚Saki', ebenfalls Protagonisten des Films sind. „Transnationalmannschaft" diente mir neben den während der Examensphase erhobenen Daten ebenso als Datenquelle für die vorliegende Arbeit. An diversen Stellen dieser Arbeit werden daher immer wieder Aussagen von Protagonisten des Films zur Illustration herangezogen.

Indem beschrieben wird, wie sich die Idee des Films generierte, gelangt die Arbeit zu den Fallbeispielen für Rezeptionsweisen des Raums Jungbusch. Über sie soll dargestellt werden, wie unterschiedlich die Identifikation mit dem Raum Jungbusch und die davon ausgehende persönliche Bedeutung des Quartiers ausfallen kann. Die Fallbeispiele sollen demnach verdeutlichen, in welcher Form sich die einzelnen Informanten mit dem Jungbusch identifizieren und an welcher Art der Aufwertung sie infolgedessen interessiert sind. Hiefür gilt es, ihre Sichtweise auf die aktuellen Geschehnisse im Quartier sowie die Charakteristiken ihrer Lebenswelt zu erörtern. Letztendlich wird dieserart veranschaulicht, welche Perspektiven bei der *top-down* initiierten Aufwertung dieses Stadtraums berücksicht werden müssen.

Da diese Arbeit als ein Beitrag zum Forschungsfeld der Stadtethnologie und der *Anthropology at Home* zu werten ist, soll noch im Zuge der Einleitung der aktuelle Stand der Forschung dargestellt werden, worüber grundlegende Charakteristiken und Herausforderungen beider Forschungsrichtungen aufgezeigt und ihre geschichtliche Entwicklung erörtert wird.

1.2 Anthropology at Home – Zuhause in der Stadt

Beschäftigte sich die Ethnologie in ihren Anfängen noch mit der Erforschung fremder, meist isolierter Kulturen, so ist in den neueren Ansätzen der Europäischen Ethnologie die Rede von einer *Anthropology at Home* (Çil 2007:74). Die Auswirkungen des Post-Kolonialismus erzeugten eine Veränderung im geo-physischen *Setting* anthropologischer Feldforschung und führten dazu, dass mehr und mehr Ethnographen ihre eigenen Gesellschaften zum Ziel ihrer Forschung machten (vgl. Rapport/Overing 2000:20). Dies stellte Forscher vor neue Herausforderungen, entwickelte die Kulturanthropologie ihre Paradigmata, ihre Forschungsstrategien, wie auch ihre heuristischen Techniken bis dahin doch über die Auseinandersetzung mit dem Fremden, dem Anderen (Schiffauer 1997:167). Die klassische Forschungssituation erzeugte eine Trennlinie zwischen dem Forscher (als Objekt) und dem untersuchten Fremden (als Subjekt). Die *Anthropology at home* betrat daher innerhalb der Ethnologie insofern Neuland, als dass für sie die Untersuchung des eigenen, des bekannten Raumes richtungweisend war (vgl. Strathern 1987:16-37). Eine klare Trennung zwischen Objekt und Subjekt existierte somit nicht mehr[1], da der Forscher nun selbst in die zu unter-

---

1 Die Existenz einer solchen Trennlinie kann grundsätzlich auch hinterfragt werden (siehe dazu ebenfalls Çil 2007:74).

suchenden Phänomene involviert war. In der ethnologischen Epistemologie wird dieses Novum als Problematik einer *Anthropology at Home* angesehen und die Befremdung der eigenen Kultur als möglicher Ausweg für eine ethnographische Forschung in der eigenen Gesellschaft erachtet (Binder 2009:99). Die dieser Annahme zugrundeliegende Dichotomie von ‚fremd' und ‚eigen' ist angesichts der Diversität von Lebenswelten in einer globalisierten Welt und besonders im Stadtraum kaum haltbar. Die Diskussion einer hierfür erforderlichen Grenzziehung würde in der Konsequenz zu weiteren kontroversen Fragen führen.

Es ist als Folge demnach notwendig und richtig, sich von der Annahme zu lösen, die Ergebnisse einer Forschung seien nur dann glaubwürdig, wenn sie durch eine klare Trennlinie zwischen diesen beiden Polen gekennzeichnet seien (Çil 2007:74). Das folgende Zitat von Norbert Elias macht deutlich, dass der Umsturz dieser Annahme für die *Anthropology at Home* in doppelter Hinsicht alternativlos ist:

„Das Problem, vor dem Menschenwissenschaftler stehen, lässt sich also nicht einfach dadurch lösen, dass sie ihre Funktion als Gruppenmitglied zugunsten ihrer Forscherfunktion aufgeben. Sie können nicht aufhören an den sozialen und politischen Angelegenheiten ihrer Gruppe und ihrer Zeit teilzunehmen, können nicht vermeiden von ihnen betroffen zu werden. Ihre eigene Teilhabe, ihr Engagement ist überdies eine der Voraussetzungen für ihr Verständnis der Probleme, die sie als Wissenschaftler zu lösen haben" (Elias 1990:30).

Die Situation erfordert demnach, sich um so stärker zu vergegenwärtigen, dass Parteilichkeit ebenso wie moralische Implikationen einer besonderen reflexiven Sorgfalt bedürfen, wenn kulturelle Regelwerke analysiert werden sollen (Binder 2009:99).

Stadtforschung

Die Stadt ist eines der ersten und auch eines der beliebtesten Forschungsfelder, in denen die *Anthropology at Home* zum Zuge kommt. So lassen sich die Anfänge der ethnologischen Migrationsforschung im englischsprachigen Raum beispielsweise auf die *Chicago School of Sociology* zurückführen, die sich mit den Folgen der europäischen Überseemigration auf die nordamerikanischen Städte in den zwanziger und dreißiger Jahren beschäftigte. Park und seine Schüler verschoben im Unterschied zu ihren Vorgängern den Blickwinkel der Analyse von der Wanderung ganzer Völker hin zur Migration einzelner Individuen (Dancu 2009:13).

Erste Formen der Gemeinde- und Stadtforschung lassen sich in Europa im 17. Jahrhundert beobachten (Christmann 2004:3), doch Park ist der Erste, der Anfang der zwanziger Jahre darauf hinweist, dass die Großstadt ein kulturelles Phänomen sei (ebd.:9). Da die „klassische Ära der *Chicago School*" von 1920 bis 1932 maßgeblich durch Vertreter wie Park, Wirth, Burgess und andere geprägt wurde, wird sie trotz ihrer thematischen Spannweite nicht grundlos mit stadtsoziologischen Untersuchungen gleichgesetzt (Lindner 2007:98; Bräunlein 2002). „Ihre wichtigste Leistung besteht [...] darin, die Theorie vom *marginal man*, vom Wanderer zwischen zwei Kulturen, entwickelt zu haben" (Dancu 2009:13). In seinem Aufsatz „*Human Migration and the Marginal Man*" (1928) stellt Park die marginale Persönlichkeit als Produkt eines Kulturkontaktes dar, der auf Mobilitätsprozesse räumlicher, sozialer und kultureller Art zurückzuführen ist. Der *marginal man* ist demnach „[...] ein Mensch am Rande zweier Kulturen und zweier Gesellschaften, die einander nie völlig durchdrangen und nie völlig miteinander verschmolzen" (Park 1928:892).

Für den *marginal man* ist die Großstadt der Ort, an dem er sich von seiner Herkunftskultur ‚emanzipiert' (Dancu 2009:13) und ein kosmopolitisches Bewusstsein annimmt, da die Großstadt den globalen Informations- und Mobilitätsflüssen am Stärksten ausgesetzt ist. *The City* wird dabei von Park im folgenden Sinne als natürlicher Ort aufgefasst:

> „The city is, rather, a state of mind, a body of customs and traditions, and of the organized attitudes and sentiments that inhere in these customs and are transmitted with this tradition [...] The city is not, in other words, merely a physical mechanism and an artificial construction. It is involved in the vital process of the people who composed it; it is a product of nature, and particular of human nature" (Park 1984:1).

Er teilt das Untersuchungsgebiet ‚Großstadt' in vier Bereiche: 1. The City Plan and Local Organisation 2. Industrial Organisation and Moral Order 3. Secondary Relationship and Social Control 4. Temperament and Urban Environment. Alle Abschnitte folgen dem Dualismus von Struktur (physische Organisation) und Kultur (sittliche Ordnung) (Lindner 2007:99).

Von übergeordnetem Interesse ist für Park dabei, wie sich Menschen und Institutionen in einem natürlichen Gebiet nach einem charakteristischen Muster verteilen (Christmann 2004:9), wo sie demnach „natürliche Areale" (Lindner2007:100) ausbilden.

Die *Chicago School* legt somit den Grundstein der modernen Stadtforschung, auf dem Soziologie und Kulturanthropologie seither aufbauen. Mitte der siebziger Jahre gewinnen, bedingt durch den Rückgang der Einwohnerzahlen und einem eintretenden Konkurrenzverhalten zwischen den Städten, Stadtimage-Analysen mehr und mehr an Bedeutung. Der einsetzende Trend zum *Branding* (Greenberg 2008: 35, Evans 2006:206) und *Selflabeling* (Habit 2010) der Städte, der im Rahmen von Stadtimage-Analysen erörtert wird, rückt dabei zeitgleich verstärkt in den Fokus von Untersuchungen.

Seit Anfang der Neunziger wird untersucht, welche Auswirkungen das Aufkommen neuer Informations- und Kommunikationsmedien auf Städte hat. Die Existenz eines neuen kosmopolitischen Raumes (*World Wide Web*), über den ebenfalls Waren und Dienstleistungen vertrieben werden können, führt zu Diskussionen über den Funktionsverlust von Stadt (Christmann 2004:5).

Vor diesem Hintergrund lässt sich unter Berücksichtigung des Städtewettbewerbs eine Instrumentalisierung des kulturellen Angebots seitens der Städte beobachten. Über die Aufwertung des kulturellen Angebots und die Veranstaltung von Mega-Events wird versucht, die Stadt als Ort wieder attraktiver zu gestalten. Häußermann/Siebel haben in diesem Zusammenhang das Schlagwort der ‚Festivalisierung der Stadtpolitik' geprägt (Häußermann/Siebel 1993).

„[...]die Festivalisierung der Stadtpolitik [stellt] die Inszenierung von Gemeinsinn und Identifikation mit politischen Institutionen [dar] – eine Form politischer Repräsentation, die sich aus sozial-strukturellen Veränderungen, aus veränderten Konfliktlinien in der Gesellschaft und aus den wachsenden Schwierigkeiten regulativer Politik ergibt" (Häußermann/Siebel 1993:23).

Aktuell beschäftigt sich die Stadtforschung vor allem mit den „räumlichen Disparitäten zwischen Stadt und Land, mit sozialem Wandel, Migration, Segregation und sozialer Ungleichheit, mit der Infrastruktur in Städten (Wohnungen, soziale Einrichtungen, Dienstleistungen, Verkehr, Technik, Wirtschaft, Arbeitsplätze), mit Stadtplanung (Politik, Verwaltung und Partizipation) und mit Ökologie. Dort, wo die Stadtbewohner den Forschungsgegenstand bilden, geht es vor allem um Sozialkontakte, Netzwerke und Nachbarschaften von Staatsbürgern" (Christmann 2004:6).

Neuere Beiträge zu einer „lebensweltlichen Ethnographie" (Horner 1993) mit dem Fokus auf Stadtraum, an denen sich diese Arbeit in ihrer Vorgehensweise und ihrer Konzeption orientiert, gehen unter anderem auf Schiffauer (1991; 2008), Keim (1995), Tertilt (1996), Baumann (1996), Lang (1998), Blasius (2008), Baumgärtner (2009) und Löw (2011) zurück.

Nach wie vor gilt es anzunehmen, dass „jeder Versuch, die moderne Gesellschaft zu verstehen, am Prozess der Urbanisierung ansetzt" (Löw 2007:14).

2 Der Kulturbegriff

„Kultur ist das, was uns fremd macht, wenn ich nicht zuhause bin."
Suzanna im Film „Transnationalmannschaft"

Der Kulturbegriff ist für die Ethnologie von zentraler Bedeutung, da sie diejenige Wissenschaft ist, die sich diesen Begriff wie keine andere zu Eigen gemacht hat und sich maßgeblich hierüber definiert. Da der Begriff im Sinne einer ‚Nationalkultur' in den Aussagen meiner Informanten häufig eine Rolle spielt, ist eine eingehende Erörterung des Kulturbegriffs für die Betrachtung dieser Arbeit unablässig. Zudem scheint eine Begriffserörterung hinsichtlich der Erfassung jener urbanen Subkulturen notwendig, die ihre Zugehörigkeit weder über Nationalität noch über Glaubenszugehörigkeit definieren.

Über die Vorstellung des klassischen Kulturbegriffs nach Herder sollen im Folgenden dieses Kapitels pragmatische Rekonstruktionen des Begriffs aufgezeigt werden, um abschließend zum Ansatz der Transkulturalität zu gelangen.

Die Verwendung des Begriffs „Kultur" im öffentlichen Diskurs dieser Tage scheint von Politik und Gesellschaft vor allem bezogen auf Differenzierung gegenüber des Anderen, des Fremden zu erfolgen. Kultur betitelt demzufolge Andersartigkeiten, welche in der alltäglichen politischen Rhetorik mit einer bemerkenswerten Selbstverständlichkeit als natürliche Entitäten dargestellt werden. Als seien sie biologisch festgelegt, werden Zuschreibungen wie *Muslim-Culture* und christliche Kultur, deutsche, italienische oder irakische Kultur ebenso wie der Befund der ‚Kulturlosigkeit' zur journalistischen Wahrheit und von der Gesellschaft oft unhinterfragt rezitiert. Die Verwendung solcher Begrifflichkeiten impliziert die Vorstellung von in sich geschlossenen, einheitlichen Systemen, die sich je nach Bedarf auf Nationalstaaten, Religion, Kontinente oder Sprache beziehen.

Dieser mediale Kulturbegriff-Umgang lässt sich damit erklären, dass sich Politik und Medien im Gegensatz zur Wissenschaft entweder der Konstruktivität unseres Wissens – folglich auch unseres Wissens um Kultur – nicht bewusst sind, oder sie ihre diesbezügliche Verantwortung nicht erkennen.

Das folgende Unterkapitel befasst sich daher mit den Grundzügen des Konstruktivismus', um im Hinblick auf spätere Aussagen und Annahmen eine Lesart voraussetzen zu können, die diesem Wissenschafts-Paradigma entspricht.

2.1 Konstruktivismus

Nach der strukturalistischen Wende der fünfziger Jahre setzt in der Ethnologie sukzessive die Erkenntnis ein, dass der grundlegende Charakter unseres Wissens auf Konstruktionsprozessen beruht. Der Konstruktivismus ist demnach keine Ontologie, die das Wesen der Welt zu erklären versucht, sondern eine Epistemologie, die sich mit den Möglichkeiten und Grenzen des Erkennens beschäftigt (Siebert 2005:39).

Werner Schiffauer beschreibt präzise und knapp, was wir unter dieser Epistemologie zu verstehen haben:

> „Die vorherrschende Meinung heute lautet [...], dass wir uns Bilder oder Modelle von der Realität konstruieren: Wir selektieren eine Reihe von Phänomenen und bringen sie in eine sinnvolle Ordnung zueinander. Nichts garantiert uns, dass diesem konstruktiven Akt etwas in der Welt der Phänomene tatsächlich entspricht, allenfalls bewahrheiten sich unsere Modelle an der „Realität" - was diese auch immer sein mag. Wir registrieren also nicht die soziale Umwelt, sondern entwerfen sie. Dabei reflektieren unsere Bilder von der Ordnung der Phänomene unseren eigenen Ort in der Gesellschaft: sie sind situational, nicht mehr absolut" (Schiffauer 1997:159).

Der Konstruktivismus stellt folglich eine radikale Provokation dar, denn er erschüttert unsere unbewusste alltägliche Einschätzung, der zufolge die Welt so ist, wie wir sie mit unseren Sinnen und unserem Verstand wahrnehmen (vgl. Siebert 2005:39).

Er bescheinigt somit auch, dass unser kulturelles Normen- und Wertegerüst, welches diese Wahrnehmung prägt, nichts weiter ist, als eine aus unserer Erziehung und unseren Erfahrungen abgeleitete Konstruktion. Jegliche Annahme von Kultur muss daher als individuell konstruiert angesehen werden.

Es wird hierbei deutlich, warum gerade bei einer Ethnographie des (Stadt-) Raumes zwingend unterschiedliche Rezeptionsweisen vorgestellt und die mit ihnen verbundenen Akteure zu Wort kommen müssen. Die im Rahmen dieser Arbeit durchgeführten Interviews mit Informanten stellen in deren eigenen Wortlauten und Beschreibungen eine Wirklichkeit dar, die sie selbst konstruiert haben. Dies lässt im Gegenzug Rückschlüsse auf ihr kulturelles Gepräge zu.

Der vom Ethnographen durchgeführte Akt des Zusammenfassens einzelner Rezeptionsweisen in Gruppen lässt eine „Konstruktion zweiter Ordnung" (Schütz 1971) entstehen, die demnach auf einer Rekonstruktion der sozialen Wirtlichkeit basiert. Diese „Konstruktion zweiter Ordnung" entsteht aus der Perspektive des Forschers, der durch die Erfassung von unterschiedlich erschaffenen „sozialen Umwelten" das Bild einer „Rezeptions-Landschaft des Raumes" erstellt, hergeleitet über „Bedeutungsgeflechte" (Geertz 1987), Denkweisen, Emotionen und Erinnerungen. Gemäß der „konstruktivistischen Kernthese, dass die Wirklichkeit beobachtungsabhängig ist" (Siebert 2005:42), bedeutet dies die Deskription von parallel zueinander existierenden Wirklichkeiten. Das Anliegen der Ethnologie ist es seit jeher, „Konstruktionen erster Ordnung" anderer Kulturen nachzuvollziehen, trivial ausgedrückt „die Welt durch die Brille des Anderen sehen".

In den Anfängen der Ethnographie wurden dabei häufig fremde Kulturen in kleinen Gemeinschaften an fernen, isolierten Orten untersucht, wo folglich oft eine Übereinstimmung von Territorium und Gemeinschaft bestand. Die Anzahl der ausgeübten sozialen Praktiken innerhalb dieser Territorien wurde als überschaubar angesehen. Diese Sichtweise, in der territoriale und kulturelle Lage als identisch angenommen wurden, bewirkten Kultur-Konzeptionen, die von einer nach innen gerichteten Homogenität des Systems ‚Kultur' ausgingen. Die Aufgabe dieser systemischen Kulturkonzeptionen, die durch pragmatische Ansätze abgelöst werden (vgl. Veer 1997:91f), die wiederum die kulturelle Differenz innerhalb einer jeden Gesellschaft anerkennen, beschreibt einen Paradigmenwechsel in der Ethnologie.

So erfordert demnach auch eine Ethnographie des städtischen Raumes, welche die innere sozial-kulturelle Diversität des untersuchten Raumes nicht unbeachtet lassen kann, eine pragmatische Auffassung von Kultur, um der komplexen Ausgangslage des untersuchten Territoriums gerecht zu werden.

Die Tatsache, dass in Zeiten von gesteigerter Mobilität, multi-ethnischer Gesellschaften, Social Networks und anderen Globalisierungs-Facetten der „Fremde" nicht mehr räumlich entfernt oder separiert, sondern quasi „allgegenwärtig" ist, stellt die Ethnologie deshalb vor neue Herausforderungen und drängt sie geradezu in den Forschungsbereich der *Anthropology at Home*. Gupta & Ferguson (1992) fassen diese Beobachtung als implizites Phänomen einer *detorrialisation* auf. In ihrem Artikel „*Beyond Culture: Space, Identity and the Politics of Difference*" (1992) sprechen sie dabei von der „Erosion" einer kulturellen „Spezifität" von Orten, in Folge eines neuen Charakters der Mobilität. Ergänzend muss angeführt werden, dass Anätze zur *multi-cited ethnography* sich ebenfalls mit räumlich ungebundenen Gruppen auseinandersetzen und darüber neue Formen der Feldforschung entwickelt haben (Marcus 1995).

Gerade weil im Forschungsfeld der Stadt offensichtlich keine Übereinstimmung von Territorium und Gemeinschaft existiert (Löw 2007:11), da Städte den Einflüssen der Globalisierung am massivsten ausgesetzt sind (Marcuse 2006:205), entstehen hier hochkomplexe Konstellationen, die jede auf innere Homogenität ausgerichtete Kulturkonzeption überstrapazieren. Die Stadt stellt einen Ort dar, an dem mannigfaltige (Sub-)Kulturen aufeinandertreffen, die sich in ständigen Austauschprozessen und Wechselwirkungen befinden. Sie ist der Ort, an dem uns die enorme Vielfalt sozialer Praktiken schonungslos vor Augen geführt wird. Eine intensive Befassung mit dem Kulturbegriff ist daher notwendige Voraussetzung, um zu einer Arbeitsdefinition von ‚Kultur' zu gelangen, vor welcher die urbanen Räume Jungbusch und Filsbach untersucht werden.

2.2 Diskussion des Kulturbegriffs

Für die Ethnologie ist Kultur im Zusammenhang mit der von ihr vorgenommenen Forschung kein reales Etwas, sondern ein abstrakter Ansatz, das Feld der sozialen Praxis analytisch zu untersuchen. Sie wird demnach weder als normativ noch als voraussagend verstanden. Als bewusste Abstraktion dient Kultur dem Ethnologen dazu, das sich ständig verändernde *complex whole* zu konzeptionalisieren, durch das der Mensch (inter-)agiert, Bedeutung erschafft und denkt (Baumann 1996:11). Kultur existiert folglich nur insofern, als dass sie ausgeübt wird. Sie bleibt jedoch selbst nach diesem Verständnis nur eine analytische Abstraktion.

Ein Ansatz, der die Festlegung auf eine bestimmte Definition vermeidet, wird von Helge Gerndt aufgeworfen.

> "Kultur als ein Forschungsfeld zu begreifen verlangt nicht, Kultur zu definieren. Im Gegenteil: es verlangt die Einsicht, dass es unergiebig ist, immer neue Definitionsversuche von Kultur in rein theoretischer Diskussion gegeneinander abzuwägen. 'Kultur' kann in den Kulturwissenschaften kein scharf ausgegrenzter, analytischer Begriff sein, so wenig wie die Psychologen 'Psyche' oder die Biologen 'Leben' präzis bestimmen können. Immer handelt es sich hier um lockere Umschreibungen für Arbeitsfelder, um allgemeine Verständigungsbegriffe. Von Forschungsfall zu Forschungsfall müssen diese freilich unter bestimmten Aspekten genau gefasst, das heißt modellhaft formuliert werden." (Gerndt 1986:11f)

Auch jener, der mit der Charakterisierung der Kultur als "Forschungsfeld" nicht ganz einverstanden sein mag, wird sich der Logik dieser Argumentation wohl grundsätzlich dahingehend anschließen, als dass generelle Definitionsversuche des Kulturbegriffs der ethnologischen Forschung dazu dienen können, die perspektivischen Vorverständnisse transparent zu halten. Mit anderen Worten: Kultur lässt sich auf der theoretischen Ebene nicht allgemeingültig und erschöpfend vordefinieren, sondern nur hinreichend erläutern im Sinne einer speziellen Blickrichtung, deren definitorische Qualitäten und Erkenntnismöglichkeiten sich letztlich erst in ihrer Anwendung am jeweiligen Untersuchungsgegenstand erweisen (Kaschuba 2006:122). Dies impliziert, dass wir in der ethnographischen Forschung einzelne Arbeitsdefinitionen von Kultur weniger nach ihrem absoluten Wahrheitsgehalt, sondern mehr nach ihrer fallabhängigen Brauchbarkeit bewerten sollten (Baumann 1996:11). Auf „modellhaft formulierte" Arbeitsdefinitionen kann bei der Untersuchung eines bestimmten Feldes oder einer bestimmten Gemeinschaft weiterhin nicht verzichtet werden.

Der Rhetorik von Medien und Politik lässt sich vorwerfen, dass sie von einem unscharfen, emotional aufgeladenen Kulturbegriff Gebrauch macht, ohne (Vor-) Wissen über die konstruierte Natur und die Modellhaftigkeit des Begriffs von Lesern und Zuhörern erwarten zu können. Stattdessen wird mit dem Begriff eine natürliche Gegebenheit assoziiert, deren primordialer Kern zu einem unbewussten kulturellen Rassismus führt. „Bekanntlich sind viele Vorurteile, Stereotypen, verinnerlichte Bilder und Assoziationen zu Fremden [...] wenig kopfgesteuert, sondern eher affektiv, emotional geladen und auch affektiv von uns gespeichert und verinnerlicht worden" (Nestvogel 2003: 192). Als solche werden sie uns auch von den Medien präsentiert, was flankiert von privater und schulischer Erziehung unsere Vorstellung von Kultur und dem mit ihr zusammenhängenden „Fremden" konditioniert. Denn nur über Medien und Schule kann sich ein (geistiger) gesellschaftlicher *Mainstream* etablieren (Schiffauer 1997:94), da nur sie über die Möglichkeit verfügen, eine breite Masse kontinuierlich zu informieren („in Form" zu bringen) und hierüber eine nachhaltige Konditionierung des Bewusstseins zu erzielen. Hierüber lässt sich erklären, wie die beschriebene, unreflektierte Verwendung des Begriffs ‚Kultur' in den alltäglichen Sprachgebrauch gelangt ist.

Diese Verwendung geht maßgeblich auf ein klassisches Kulturkonzept zurück, welches von Johann Gottfried Herder (1989) geprägt wurde (unter anderem Schiffauer2002:2; Welsch1994:1). Herder entwickelte in seinen von 1784 bis 1791 erschienenen Werken „Ideen zur Philosophie der Geschichte der Menschheit" einen universalen Kulturbegriff.

Ich stelle diesen universalen Kulturbegriff Herders' im folgenden Kapitel näher da, um einerseits klar zu machen, inwiefern sich neuere Ansätze und die von mir verwendete Arbeitsdefinition von ihm absetzen und andererseits, um aufzuzeigen, wie die von Medien, (konservativen) Politikern und auch von vielen meiner Informanten im Feld verinnerlichten Vorstellung von Kultur in ihrer theoretischen Übersetzung anmutet.

2.3 Der traditionelle Kulturbegriff nach Johann Gottfried Herder

Der von Herder konzipierte, universale Kulturbegriff ist nicht das erste geschichtliche Beispiel eines Generalbegriffs, der versucht, sämtliche menschliche Lebensäußerungen zu umfassen. Der Naturrechtslehrer Samuel von Pufendorf verwendet bereits 1672 einen allumfassenden Ansatz, in dem er Kultur als „das Insgesamt all derjenigen Tätigkeiten, durch die Menschen ihr Leben als spezifisch menschlich – im Unterschied zu einem bloß tierischen – gestalten" beschreibt (Pufendorf 1672 nach Welsch 1994:2). Rund hundert Jahre später bezieht sich Herder auf den Pufendorf'schen Ansatz und gibt ihm durch seine Kugelkonzeption eine für die Nachfolgezeit vorbildliche Form.

Kulturen klassifiziert Herder als autonome Inseln oder Kugeln. Jede Kultur hat diesem Gedanken nach einen Mittelpunkt bzw. einen Schwerpunkt, ist zudem von der äußeren Umwelt abgeschlossen und in sich homogen. Einzelne Kugeln können nicht ineinander übergehen.

Die Grundstruktur von Herders Kulturkonzept ist durch die drei Momente ‚ethnische Fundierung', ‚interkulturelle Abgrenzung' und ‚soziale Homogenisierung' gekennzeichnet (Welsch 1994:3). Da sich einzelne Momente dieses klassischen Kulturbildes in Aussagen meiner Informanten oft klar erkennen ließen, erscheint es sinnvoll, diese „drei Momente" im Folgenden eingehender zu erörtern.

2.3.1 Ethnische Fundierung

Herder spricht von der „Kultur eines Volkes" und sieht Kultur dabei im Umkehrschluss als „die Blüte" des Daseins eines Volkes. Da er das Volk gleichfalls als Produzent und Träger von Kultur sieht, das in der Kultur sein Wesen zur Entfaltung bringt (Welsch 1994:3), drängt sich die Frage auf, wie dieser Volksbegriff fundiert ist.

Die Ermittlung des Zentrums im Kugelmodell wird über den Begriff der ‚Ethnie' geführt (Welsch 1994:5), was auf die ethnisch homogene Substanz einer jeden Kugel bzw. einer jeden Kultur hinausläuft. Um diese Idee einer inneren Homogenität aufrechterhalten zu können, müssen wir gezwungenermaßen Vorgänge von ethnischer Durchmischung übergehen. Im Nationalsozialismus und anderen rassistischen Bewegungen wurde dieser „systemische Fehler" der ethnischen Durchmischung mit dem normativen Befund der „Unreinheit" belegt. Es sei an dieser Stelle darauf verwiesen, dass auch der Vorstellung von Ethnie eine konstruktivistische Annahme vorausgeht, die sie ebenfalls zu einem fiktiven Gebilde werden lässt.[2]

2.3.2 Interkulturelle Abgrenzung

Der Gedanke einer interkulturellen Abgrenzung, der eine Isolierung des kulturellen Systems von seiner Umwelt bedeutet, kann zweifelsohne nur einem Konzept entstammen, das auf das 18. Jahrhundert oder noch früher Datierung zurückgeht, demnach auf ein Zeitalter, in dem die Geschwindigkeit von Mobilität und Kommunikation nicht mit der heutigen Zeit zu vergleichen ist. Diese Vorstellung ist Teil eines geschlossenen Modells, das eine Innenwelt und eine Umwelt besitzt sowie eine klare Grenze („Kugel-Haut") zwischen diesen beiden Sphären.

Die Binnenkultur von Stadtteilen, Kommunen, Regionen oder Nationalstaaten endet heute jedoch nicht mehr an politischen Grenzen. Tatsächlich endete sie noch nie dort, was als theoretischer Angriff auf diesen Punkt gewertet werden kann, doch zeigt sich diese Vorstellung in Zeiten des Internets als besonders absurd. Hier ziehen Rezipienten durch selbstmotivierte Aufrufe von Webseiten und die Partizipation an globalen Netzwerken selbst die Grenzen einer imaginären Kulturlandschaft.[3]

In der Vorstellung des methodologischen Nationalismus, der im 20. Jahrhundert aufkam, entsprechen die systemischen Grenzen den politischen Grenzen einzelner Nationalstaaten. Angelehnt an den im Herder'schen Kulturbegriff innewohnenden

---

2   Es hat sich jedoch die Verwendung des Begriffs Ethnie im Sinne einer „Quasirasse" im alltäglichen Gebrauch stärker etabliert. Dies ist auf die Sensibilisierung hinsichtlich des Begriffs ‚Rasse' nach dem 2. Weltkrieg zurückzuführen, die speziell in Deutschland zu beobachten ist (Aydurmus 2009:14). Dieser Gebrauch erweist sich als fatal, sobald mit ihm eine natürliche Gegebenheit assoziiert wird. Er lässt uns die verschiedenen Kulturen als naturgegeben wahrnehmen, worin der Kern des kulturellen Rassismus' liegt.

3   In Bezug auf das Internet und *Social Networks* ist dementsprechend die Rolle der englischen Sprache als *Lingua Franca* nicht hoch genug zu bewerten, denn sie schafft auf der Kommunikationsebene eine Voraussetzung, die eine Durchlässigkeit zwischen einzelnen Sprachgruppen nach sich zieht. Sprache konstituiert in vielen Fällen eines der wichtigsten Merkmale von Gruppenidentität und ist ein besonders mächtiges Abgrenzungswerkzeug (Aydurmus 2009:36 nach Fenton 1999:9; Alex 2006:18; Hobsbawm 2004:65; Heinz 1993:105), was dem Medium Internet und der aus ihm hervorgehenden Gemeinschaften und Communities eine enorme Inklusionsfähigkeit attestiert. Dieser Punkt spricht dafür, dass nationalkulturelle Grenzen zunehmend aufweichen.

Gedanken der interkulturellen Abgrenzbarkeit, lässt sich hierüber die Idee einer Nationalstaatskultur entwerfen. „Eine [...] Prämisse [des methodologischen Nationalismus] ist, dass sich die sozialen Prozesse, die das, was wir als Gesellschaft bezeichnen, ausmachen, innerhalb der Grenzen eines Staates abspielen und das der Nationalstaat die Grenzen einer gemeinsamen Kultur bestimmt" (Glick-Schiller 2006:107). Die nationalstaatlichen Grenzen, in deren Wesen zweifelsohne immer eine Undurchlässigkeit liegt, stellen in diesem Sinne die Oberfläche einer Kugel dar, die als Kultur bezeichnet wird. Dies bedeutet jedoch, dass das Innenleben dieser Nationalkultur, von sozialer Homogenität gekennzeichnet sein müsste.

2.3.3 Soziale Homogenisierung

Das Moment der sozialen Homogenisierung ist verknüpft mit der Vorstellung einer inneren Einheitlichkeit, was Wolfgang Welsch als das „deskriptive Manko" (1994:4) des klassischen Kulturbegriffs bezeichnet. Er tut dies zu Recht, denn die innere Verfasstheit moderner westlicher Gesellschaften ist unleugbar multikulturell. Nicht nur aufgrund von Immigrationsprozessen, die eine systemische Offenheit nach außen beweisen, sondern auch aufgrund einer Vielzahl an Lebensformen, Lebensstilen, Arbeitsweisen, ja, ganzer Sub- und Jugendkulturen erscheinen Gesellschaften in höchstem Maße heterogen und vielfältig geprägt. Die Vorstellung einer einheitlichen Nationalkultur kann für moderne Industriegesellschaften demnach nur schwerlich aufrechterhalten werden. „In einer radikalisierten Variante bedeutet dies eine Hinwendung zu der Analyse der „Zitadellen" der modernen Industriegesellschaft: Die Anthropologie von Bürokratien, Unternehmen, Gerichten und wissenschaftlichen Laboren kann dazu beitragen" (Schiffauer 1997:168), ein Bewusstsein für diese innere soziale Differenz zu schaffen. Berücksichtigt man in einem weiteren Schritt, dass sich die einzelnen „Zitadellen" gegenseitig beeinflussen und partiell fusionieren, wird einem die volle Komplexität eines systemischen Ansatzes von Kultur vor Augen geführt. Dieser letzte dynamische Aspekt verdeutlicht, warum Ethnologen das große Ganze der Kultur als sich ständig im Wandel befindend bezeichnen und warum nur der Rückblick eine statische Struktur enthüllt. Dies meint Werner Schiffauer, wenn er sagt:

> „Im Rückblick - aber auch nur im Rückblick! - scheint eine Entwicklung eine bestimmte Notwendigkeit zu haben. Nur im synthetischen Rückblick, nicht aber in der lebendigen Praxis, tritt uns Kultur als Struktur oder Gestalt entgegen." (Schiffauer 2002:3)

Demzufolge ist es nicht der Anspruch dieser Arbeit, aus den sozial-kulturellen Praktiken, die das Feld Jungbusch/Filsbach aktuell determinieren, abstrahierte Strukturen abzuleiten. Vielmehr werden die sozial-kulturellen Transformationsprozesse und Realitäten (dicht) beschrieben und aus unterschiedlichen methodischen Richtungen heraus interpretiert. Auch für diesen unseren Fall gilt, dass beschriebene Entwicklungen erst im „synthetischen Rückblick" eine bestimmte „Notwendigkeit" erhalten werden.

Um auf das Moment der inneren sozialen Homogenität zurückzukommen, so erkennen wir, dass die Vorstellung einer von allen geteilte Nationalkultur zwingend das Vorhandensein eines „gemeinsamen Nenners" bedingt, was zweifelsohne kritisch beleuchtet werden muss. „Es stimmt einfach nicht, dass wir unsere Lebensläufe, unsere Tage und Nächte noch alle in der gleichen Weise zubrächten. So uniform lebt man in der Moderne nicht. Die Kultur eines Arbeitermilieus, eines Villenviertels und der Alternativszene weisen keinen derartigen gemeinsamen Nenner auf" (Welsch 1994:4). Dieser Aussage zufolge erscheint es folgerichtig wie plausibel, „dass die Differenzen innerhalb einer ‚Kultur' größer sind, als [beispielsweise] die zwischen Intellektuellen verschiedener Kulturen" (Schiffauer 2002:6).[4]
Somit wird klar, dass Kultur-Konzeptionen wie die Herder'sche insbesondere im Hinblick auf die vorausgesetzte, innere soziale Homogenität zu reduktionistisch sind.

Sie führen in ihrer alltäglichen Verwendung dazu, die Andersartigkeit von Vierteln wie Jungbusch und Filsbach auf die große Anzahl von Migranten zu reduzieren, das Fremde unter dem Deckmantel einer anderen Nationalkultur zu verallgemeinern. Ein Denken um Kultur, das von der Vorstellung innerer Homogenität geleitet ist, führt zwangsläufig zu diesen Verallgemeinerungen und kann der tatsächlichen Situation nicht gerecht werden. Ansätze, welche die innere Heterogenität von Gemeinschaften berücksichtigen, sind in ihren Analysen im Umkehrschluss dazu in der Lage, auf gesellschaftliche Situationen einzugehen, die durch eine innere soziokulturelle Komplexität auffallen.

Ein von Wolfgang Welsch geschaffenes Konzept nähert sich dem Phänomen der inneren Differenz über die Begriffsstrategie *Transkulturalität*. Er verfolgt dabei den Ansatz, dass kulturelle Differenzen nicht nur *zwischen* Gesellschaften, sondern

---

4   Auf der Ebene des Nationalstaats könnte man gegebenenfalls noch die gemeinsame Sprache als geteiltes, kulturelles Merkmal identifizieren. Dies mag auf Länder wie Deutschland oder Frankreich zutreffen. Für durch Sprachvielfalt gekennzeichnete Länder, wie die Schweiz oder Indien, erweist sich jedoch auch diese Annahme als falsch. Selbst wenn man dieses Argument abseits der nationalen Hochsprachen anführt – die vielleicht jeder versteht, aber die nur in der sozialen Praxis akademischer Sphären und in den Medien vorherrschend sind – und sich auf die Ebene von regionalen Dialekten, Slangs, Milieu- und Fachsprachen begibt, so schrumpft der vermeintliche, sprachliche Konsens immer mehr in sich zusammen. Es zeigt sich also Folgendes: Je differenzierter man verschiedene Lebensbereiche beleuchtet und je mehr man sich den einzelnen gesellschaftlichen „Zitadellen" nähert, desto schwerer wird es einen gemeinsamen Nenner zu finden, welcher der sozialen Praxis auf nationalstaatlicher Ebene zu Grunde liegen könnte.
Der einzige wirkliche Nenner in der sozialen Praxis ist das nationale Recht, aus dem sich bürgerliche Rechte und Pflichten ableiten. Das Recht, nach welchem wir innerhalb eines bestimmten Territoriums leben, ist demnach für das Konstrukt Nation in höchstem Maße identitätsstiftend.

gleichermaßen wie zunehmend *innerhalb* von Gesellschaften bestehen (vgl. Wieviorka 2003), was insbesondere in Städten deutlich wird, wo transnationale Ströme von Menschen, Kapital und Medien kumulieren. In Stadtgebieten wie Jungbusch und Filsbach, die von vielen Migranten aus unterschiedlichen Nationen sowie diversen urbanen Sub- und Jugendkulturen geprägt sind, ist eine Analyse vor dem theoretischen Hintergrund der Transkulturalität daher besonders sinnvoll und innovativ.

2.4 Die Rekonstruktion des Kulturbegriffs

Um einerseits alternative Vorstellungs- und Begriffsstrategien zum klassischen Kulturbegriff und andererseits Anknüpfungspunkte einer Rekonstruktion des Begriffs aufzuzeigen, werde ich verschiedene Ansätze vorstellen, aus denen ich gewählte Arbeitsdefinitionen für diese Arbeit ableiten werde. Es gilt vorwegzunehmen, dass „eine Veränderung im ethnologischen Verständnis von ‚Kultur' statt[gefunden hat], wobei das Konzept der ‚Praxis' die Theorie des ‚Systems' ablöst" (Veer 1997:91f).

Die Aufweichung von nationalen Grenzen durch den zunehmend freien Personen- und Warenverkehr und die mediale Vernetzung erzwingt gewissermaßen diese Rekonstruktion, denn: diese komplexe Situation führt bei einigen Vertretern zu einem radikalen Individualismus und zur entschiedenen Zurückweisung des Kulturbegriffs, der als Zwangsjacke empfunden wird, als Festlegung auf *eine* Dimension der Herkunft (Schmidt-Hornstein 1995). In einer radikalisierten Variante wird gar vorgeschlagen, den Begriff der Kultur vollends aufzugeben und ihn durch den Diskurs zu ersetzen (Abu-Lughod 1991). Dies erinnert an den Ansatz von Helge Gerndt (1986), Kultur als Forschungsfeld aufzufassen. Ein Ansatz, der nicht nur die Forschungssicht unbefriedet, da „kulturelle Differenz" ohne Zweifel für Jedermann spürbar, doch offensichtlich nur schwer zu benennen ist.

Worin liegt der Kern dieses Phänomens begründet? Er „liegt an einem falschen, nämlich hypostasierenden Kulturbegriff. Kultur wird im Wesentlichen als etwas gesehen, was man ‚hat', nicht aber, was man ‚macht'" (Schiffauer 2002:2). Das bedeutet folglich, dass wir für unsere Zwecke definitorische Ansätze benötigen, die uns von der vergegenständlichten Ebene zu einer Ebene des Handelns, Denkens, Fühlens und Verstehens führen. Auf dieser Ebene müssen folglich Gemeinsamkeiten als kulturelle Marker Identifiziert werden. Diese „Identitätsmarker entscheiden, was als authentischer Teil der Gruppenidentität wahrgenommen wird und damit die Basis für Klassifikation und Abgrenzung bildet. Gruppen unterscheiden sich unterdessen wesentlich im Umfang der Gemeinsamkeiten" (Aydurmus 2008:33).

Als ein gutes Beispiel hierfür kann der semiotische Ansatz von Clifford Geertz gesehen werden, in welchem Kultur als Bedeutungsgewebe angesehen wird.

> „Ich meine mit Max Weber, dass der Mensch ein Wesen ist, das in selbstgesponnene Bedeutungsgewebe verstrickt ist, wobei ich Kultur als dieses Gewebe ansehe. Ihre Untersuchung ist daher keine experimentelle Wissenschaft, die nach Gesetzen sucht, sondern eine interpretierende, die nach Bedeutungen sucht" (Geertz 1987:9).

Damit widerspricht Geertz' Auffassung allen Versuchen, den Zusammenhang von Kultur und Gesellschaft in ein einfaches Abbildungsverhältnis zu bringen. Für eine Kulturanalyse, wie sie in dieser Arbeit über die Präsentation verschiedener Rezeptionsweisen vorgenommen wird, müssen wir uns folglich den Mitteln der Hermeneutik bedienen. Nach Geertz muss gleichzeitig berücksichtigt werden, dass wir es immer mit individuellen „Bedeutungsgeflechten" zu tun haben, die gemäß konstruktivistischer Vorannahmen konstruiert sind. Vor allem das etablierte Denken in nationalen Begriffen, das uns Nation und Kultur als Einheit vorstellt bzw. Kulturen stets im nationalen Plural begreifen lässt, zieht räumliche, soziale oder ethnische Grenzlinien, die uns ein allzu simples Maßstabsverhältnis von 1:1 vorspiegeln (Kaschuba 2006:124).

2.5 Transkulturalität und kulturelle Identität

Welsch beabsichtigt mit seinem Konzept der Transkulturalität, die „Grammatik des Ausdrucks Kultur" zu verändern. Er ist dabei bestrebt, über das beschriebene klassische Konzept von Einzelkulturen und den sich davon ableitenden, „wohlmeinenden Bemühungen der Interkulturalität" hinauszugehen. Er versucht, diverse Aspekte der durch Globalisierung entstandenen Veränderungen zu berücksichtigen und so für ein neues Verständnis von Kultur in der Moderne zu werben:

> „Die Kulturen - und dabei habe ich zuerst einmal Kulturen westlichen Typs im Auge - weisen heute eine Verfasstheit auf, die den alten Vorstellungen geschlossener und einheitlicher Nationalkulturen nicht mehr entspricht. Sie haben nicht mehr die Form homogener und wohl abgegrenzter Kugeln oder Inseln, sondern sind intern durch eine Pluralisierung möglicher Identitäten gekennzeichnet und weisen extern grenzüberschreitende Konturen auf. Insofern sind sie nicht mehr Kulturen im hergebrachten Sinn des Wortes, sondern sind transkulturell geworden." (Welsch 1994:1)

Der Kern dieses Ansatzes ist demnach, Kulturen „jenseits des Gegensatzes von Eigenkultur und Fremdkultur zu denken" (Welsch 1995:39). Dass damit die Existenz klarer Grenzen verneint wird, indem von „grenzüberschreitenden Konturen" die Rede ist, darf nicht als Leugnung von Differenz verstanden werden, denn „wenn wir behaupten, dass Kulturen aus sich heraus keine klaren Grenzen aufweisen, dann ist dies nicht gleichbedeutend mit der Behauptung, dass es keine tiefgreifenden Differenzen im Bereich von Normen und Werten geben kann" (Schiffauer 2002:14).

Mit Transkulturalität wird also der Anspruch erhoben, die traditionellen Perspektiven auf Kultur zu überwinden, indem Entwicklungen in den Blick genommen werden, die sich in dem Begriff „Globalisierung" verdichten (Bolscho 2005: 31). Unter den verschiedenen Diskursfeldern des Globalisierungsprozesses, unter anderem des ökonomischen Prozesses globaler Produktions- und Marktintegration (vgl. z.B. Martin/Schumann 1997; Altaver/Mahnkopf 1996a und b) und des politischen Prozesses globaler Regulierungen (Beck 1998), zielt dieser Anspruch besonders auf den kulturellen Prozess als Entwicklung zu einer Weltgesellschaft mit einer Vielzahl globaler Dörfer (vgl. Beck 1997; Raz 1995) ab. Diese „globalen Dörfer" sind dabei nicht gleichbedeutend mit den oft beschriebenen *global cities*, sondern umschreiben Orte, die eine hohe kulturelle Diversität aufweisen. Es sind Orte wie die Stadtbezirke Jungbusch und Filsbach, die eben diese hohe innere kulturelle Diversität offenbaren.

Wenn wir von der Annahme ausgehen, dass die drei genannten Globalisierungstendenzen kein Phänomen der Neuzeit sind, sondern, wenngleich in abgeschwächter Form, historisch betrachtet schon immer präsent waren, müssen wir zu der Schlussfolgerung gelangen, dass auch Transkulturalität die soziale Praxis seit jeher beeinflusst. Damit werden folglich auch die traditionellen Kultur-Perspektiven an sich in Frage gestellt. Die Intensivierung globaler Informationsflüsse in der Moderne führt somit lediglich dazu, dass uns Transkulturalität heute stärker vor Augen geführt wird.

Für den inhaltlichen Rahmen des Transkulturalität-Konzepts sind vier Grundthesen zentral: Erstens werden Kulturen grundsätzlich infolge von Immigrationsprozessen und ökonomischen Entwicklungen sowie technologischen Prozessen nicht mehr einzelkulturell, sondern als transkulturell gedacht, worunter die Hybridisierung von Einzelkulturen zu verstehen ist[5].

Zweitens schließt diese Hybridisierung nicht nur die Ebene der Kulturen, sondern auch die der Lebensformen mit ein. Transkulturalität wirkt also auch auf den Ebenen einzelner Sub- und Jugendkulturen, Szenen und Lebensstilen. Gleichartige Lebensformen durchziehen verschiedene Kulturen und Nationen quasi unmodifiziert. So hören beispielsweise *Emos* auf der ganzen Welt die gleichen Bands, tragen ähnliche Kleidung und Frisuren und weisen ähnliche Helden- und Feindbilder auf. „Mehr Menschen als je zuvor, in mehr Teilen der Welt als zuvor, ziehen heute mehr Variationen "möglicher" Leben in Betracht als je zuvor" (Appadurai 1998:21). Diese Vielfalt spricht dafür, auch kleinere/mittlere Einheiten als kulturelle Gruppen wahrzunehmen und ihre delokalisierte Verortung als Charakteristikum unserer Zeit aufzufassen. Für Appadurai (1998) liegt die Begründung dieser Annahme vor allem in der Existenz von Massenmedien und deren global vernetzter Nutzung.

Drittens wirkt sich das Zusammenfließen verschiedener kultureller Einflüsse bis in die Struktur der individuellen Identität aus, womit die Existenz einer „subjektinternen Transkulturalität" beschrieben wird. Das Konzept erschließt damit auch eine Mikroebene. Phänomene, wie der vielzitierte Migrationshintergrund oder andere kulturelle Fusionen, werden hierüber erschlossen. Auch sie stehen in bereits benannter Abhängigkeit von Immigrationsprozessen, technologischem Fortschritt und den hierüber wirkenden globalen Informationsflüssen. Die subjektinterne Transkulturalität kann sich genauso über die Affinität für eine bestimmte Jugendkultur oder Musikszene offenbaren, die ihren Ursprung am anderen Ende auf der Welt hat, wie auch über ein plötzlich aufkommendes demokratisches Bewusstsein von Einzelpersonen in autoritären Regimen. Die Beispiele hierfür sind mannigfaltig. Diese Beobachtung

---

5 Hybridisierung meint hier: Für jede Kultur sind heute tendenziell alle anderen Kulturen zu Binnengehalten oder Trabanten geworden.

stellt in ihrem Kern kein Novum dar, sondern wurde schon durch Friedrich Ratzel und die Diffusionstheorie früh thematisiert. Neu sind die Vielfalt und das Tempo, in dem diese Informationsflüsse das Individuum erreichen.

Viertens bezieht sich dieser Ansatz auf analoge Veränderungen im Bereich der Wissenschaft, insbesondere in der Rationalitäts- und Disziplinentheorie (vgl. Welsch 1994:11). Der Trend zu sogenannten themenbezogenen *Clustern*, wie wir sie aus Wirtschaft und Wissenschaft kennen, entspricht damit der konzeptionellen Logik von Transkulturalität. Die interdisziplinäre Forschung zu Themenkomplexen und Phänomenen verspricht Erkenntnisse, die ein größeres Spektrum von wissenschaftlichen Perspektiven abdecken.

Eng verbunden mit dem von Welsch charakterisierten Kulturverständnis' ist eine veränderte Auffassung von kultureller Identität, die unter der Vielzahl der Einflüsse nicht mehr als Identifizierung einer Person mit nur einem einzigen Kollektiv verstanden werden kann. In modernen Gesellschaften, die vielfältige, individualistische Orientierungen anbieten, können sich Individuen mit jeweils mehreren kulturellen Referenzen identifizieren (Bolscho 2005:30).

„Kulturelle Identität [...][betrachten wir dabei als] die reflexive Hinwendung zu dem Komplex der Normen, Werte und Deutungen, die sich in Kommunikationsprozessen zwischen vernetzten Akteursgruppen heraus- und umbilden". Sie generiert sich über den „Akt des Sich-Vergegenwärtigens (beziehungsweise Re-präsentierens), des Sich-Bewusstwerdens der eigenen Normen, Werte und Deutungsmuster und damit des eigenen Kollektivs" (Schiffauer 2002:12).

Durch die Benennung der eigenen Normen und Werte sowie der Ermittlung der Gruppe, die dieses normative Spektrum teilt, gelangen wir zum Komplex der gemeinsam geteilten Kultur.

Schiffauer stützt diese Ableitung auf einen pragmatischen Kulturbegriff, in dem er sich auf Everett Hughes bezieht: "Überall, wo eine Gruppe von Personen in einer gewissen Abgeschiedenheit miteinander interagiert, wo eine gemeinsame Ecke in der Gesellschaft existiert, wo sich gemeinsame Probleme finden und unter Umständen gemeinsame Feinde vorhanden sind - dort wächst Kultur" (Schiffauer 2002:2 nach Hughes 1961:28). Dieses Zusammenwachsen wird sich „früher oder später in materieller Kultur und Ritualen objektivieren" (ebd.).

Meines Erachtens ist hierbei entscheidend, dass sich dieser, wie auch andere pragmatische Ansätze zum Kulturbegriff, auf das zunächst unscharf erscheinende Kollektiv der ‚Gruppe' stützt. Die Rede von ‚Gruppen' wirkt wenig abstrakt und veranschaulicht, als was wir Kultur im Alltag meist unbewusst erfahren – als etwas praktisches, etwas gelebtes, etwas, das wir mit den Leuten teilen, die uns umgeben und mit denen wir interagieren, mit denen wir – um mit Wittgenstein (1984) zu sprechen – „zurecht kommen". Wir interagieren nicht mit der breiten Masse, wir interagieren mit Individuen oder eben mit bzw. innerhalb von Gruppen. Diese Herangehensweise wirkt illustrierend auf das von Geertz beschriebene „Bedeutungsgeflecht" (1987:9), auf welchem sein semiotischer Kulturbegriff fußt. Menschen, die sich im gleichen oder einem ähnlichen „Bedeutungsgeflecht" bewegen, die deshalb besser „miteinander zurechtkommen", teilen demnach eine gemeinsame Kultur.

Wenn wir nun davon ausgehen müssen, dass die (temporär-dynamische) Fixierung auf bestimmte Normen, Werte und (Be-)Deutungsmuster ein hochgradig individueller Akt ist, der in der Konsequenz bedeutet, dass man kein kongruentes bzw. identisches wertnormatives Muster oder „Bedeutungsgeflecht" finden wird, fühlen wir uns stark an den Wittgenstein'schen Begriff der ‚Familienähnlichkeiten' erinnert, der damit der Einzigartigkeit des Individuums Rechnung trägt:

> „Wir sehen ein kompliziertes Netz von Ähnlichkeiten, die einander übergreifen und kreuzen. Ähnlichkeiten im Großen und Kleinen [...] Ich kann diese Ähnlichkeiten nicht besser charakterisieren als durch das Wort ‚Familienähnlichkeiten': denn so übergreifen und kreuzen sich die verschiedenen Ähnlichkeiten, die zwischen den Gliedern einer Familie bestehen: Wuchs, Gesichtszüge, Augenfarbe, Gang, Temperament, etc. etc." (Wittgenstein 1971:66/67)

Es erscheint demnach plausibel, dass keine identischen „Bedeutungsgeflechte" im Sinne einer „Diesselbigkeit" (Schiffauer 2002:4) existieren. Zu verschieden sind Biographien, die einzelnen Wege der Sozialisation, die aktuellen Lebensumstände und die damit verbundenen Perspektiven. Es gilt sich bewusst zu machen, dass der konsequente Glaube an die Einzigartigkeit eines jeden Menschen und der Glaube an eine gemeinsame, von allen Mitgliedern einer Gruppe geteilte Kultur im Widerspruch zueinander stehen. Deshalb erscheint es sinnvoller, Kollektive an Hand von „Ähnlichkeiten" hinsichtlich ihrer Normen, Werte und Bedeutungsmuster zu identifizieren. Das Wittgenstein'sche Bespiel verdeutlicht dies am Kollektiv der Familie, die bereits von Aristoteles als „kleinste politische Einheit" (Höffe 2001) im Sinne einer Hausgemeinschaft beschrieben wird. Wie weit Ähnlichkeiten gefasst werden, kommt auf den jeweiligen Sinn und Zweck ihrer Benennung/Kategorisierung an.

Wittgenstein geht ebenfalls von einem pragmatischen Kulturbegriff aus. Kultur liegt ihm zufolge dort vor, wo eine geteilte Lebenspraxis besteht, wo wir, salopp ausgedrückt, miteinander zurechtkommen. Nicht ethnische Unterstellungen sondern pragmatische Realien bilden die Basis dieses Kulturverständnisses (Welsch 1994:16). Einen rassischen Beigeschmack sucht man dabei vergebens.

Ein weiteres Beispiel für eine pragmatisch ausgerichtete Rekonstruktion des Kulturbegriffs liefert Williams (1977). Auch er operiert mit dem Kollektiv der Gruppe und spricht ausdrücklich von "Praktiken, Bedeutungen und Werten", die "nicht irgendwie abstrakt sind, sondern organisiert und gelebt werden" (1977:45f.). Kultur weitet sich für ihn zum praktischen Lebensvollzug, den der Einzelne in sozialen Gruppierungen und unter sich historisch verändernden, gesellschaftlichen Rahmenbedingungen erfährt – Kultur *ist* das Leben (Kaschuba 2006:121).

Es existieren folglich eine Reihe von Ansätzen, die das Insel-/Kugelkonzept Herders' auf einem pragmatischen Weg durchbrechen. Sie alle versuchen über das Kollektiv der ‚Gruppe' und das Verhalten in der alltäglichen Praxis den Kulturbegriff auf eine lebensnahe Ebene zu bringen. Dieses Anliegen wohnt auch dem Konzept der Transkulturalität inne.

„Im Zusammenhang mit Transkulturalität gehen wir davon aus, dass transkulturelle Identifikationsprozesse nach wie vor ihren Ausgang auf der lokalen Ebene nehmen". (Bolscho 2005: 34). Dies ist für das Konzept und der mit ihr verbundenen kulturellen Identität im Kontext dieser Arbeit ein entscheidender Punkt. Wenn wir diese Aussage als wahr annehmen, müssen wir insbesondere Stadtbezirke wie Jungbusch und Filsbach als Räume ansehen, die massiv verschiedenen kulturellen Strömen von Menschen, Kapitalsorten und Medien ausgesetzt sind. Die auf verschiedenen Ebenen stattfindende Kumulation dieser Ströme wird durch den Begriff ‚Transkulturalität' beschrieben. Es sind die Orte, an denen man die Fusion von Lebensstilen sowie eine subjektinterne Transkulturalität nicht übergehen kann. In die Lebenswelten solcher Viertel strömen kulturelle Einflüsse aus den unterschiedlichsten Weltregionen ein. „Unter spezifisch lokalen Bedingungen verbinden sie sich zu neuartigen Formen des Zusammenlebens. Was dabei herauskommt, ist ganz normaler bundesrepublikanischer Alltag" (Bolscho 2005:36).

Das Konzept der Transkulturalität wirkt nach Welsch sowohl auf einer Mikro-, als auch auf einer Makroebene. Der mögliche *Switch* zwischen den einzelnen Ebenen kann aufgrund der damit verbundenen perspektivischen Flexibilität kritisch als Beliebigkeit aufgefasst werden, die eine Unschärfe des Konzepts impliziert. Dieser Kritik muss in Teilen sicherlich zugestimmt werden, wenngleich sie auch zu einer anderen Lesart führen kann. Ich erinnere an dieser Stelle an die oben aufgeführte Auffassung des Kulturbegriffs nach Gerndt (1987). Gemäß seines Vorschlags, ‚Kultur' als Forschungsfeld anstelle eines festgelegten Begriffs zu betrachten, lässt sich auch Transkulturalität anstelle eines konzeptionalisierten Begriffs als Hintergrund auffassen, vor dem sich soziale Praxis abspielt. Dieser Hintergrund ist sowohl auf den Makro- als auch auf den Mikroebenen präsent und beschreibt nichts anderes, als dass Individuum, einzelne Kollektive und die Gesellschaft im Ganzen kulturellen Flüssen ausgesetzt sind. Transkulturalität wird demnach als Paradigma aufgefasst.

Vor diesem Paradigma fasse ich in dieser Arbeit den Begriff „Kultur" als Bezeichnung auf, die formale und informelle kollektive Einheiten beschreibt, deren Mitglieder Ähnlichkeiten aufweisen. Diese Ähnlichkeiten orientieren sich an der wertnormativen Ausrichtung, an der Sprache sowie am jeweiligen „Bedeutungsgeflecht". Diese Charakteristiken werden über Lebensstile, Subkulturen und Milieus im Stadtraum sichtbar. Es wird außerdem angenommen, dass die kulturelle Identität des Einzelnen auf „multiplen Identitäten" (Bräunlein 2002) beruht, die an unterschiedlich ausgerichteten Kollektiven partizipieren und damit eine subjektinterne Transkulturalität zur Folge haben. Über deren Verdichtung gelangen wir zum transkulturellen Raum.

3 Zu Raum und Sozialkapital

Raum ist eine grundlegende Komponente, der von uns erlebten Realität. Wie aus den bereits ausgeführten Überlegungen zur Epistemologie des Konstruktivismus ersichtlich, bleibt auch für Raum unklar, inwiefern er unabhängig von unserer Wahrnehmung, Vorstellung und subjektiver Anschauungsform existiert. „Auf den Raum bezogene Begriffe wie *space, scapes, cartographies* aber auch *locality, place* und *landscape* wurden in den kultur- und sozialwissenschaftlichen Disziplinen seit den neunziger Jahren geradezu extensiv verwendet" (Baumgärtner 2009:23). Dieses verstärkte Aufkommen lässt sich auch dadurch erklären, dass die Geisteswissenschaften bis dahin quasi von einer „Raumblindheit" (Läpple 1991:163) geprägt waren.

Rein naturwissenschaftlich wird der Raum in der Mathematik und der Physik abstrakt und logisch durch die Dimensionen Höhe, Breite und Tiefe beschrieben. Raum wird demnach als ein Behälter aufgefasst. Sozial- und Geisteswissenschaften beschreiben den Raum hingegen als etwas sozial bedingtes (Gunn 2001:1 / Baumgärtner 2009:23). Die Existenz von Raum generiert sich demnach erst über die soziale Interaktion. Dass diese Aussage auch in ihrem Umkehrschluss Gültigkeit behält, illustriert das Beispiel des Raumes „Internet", denn auch hier findet soziale Interaktion statt. *Chatrooms* oder virtuelle *Social Networks* wie *Facebook* stellen durch ihren Informationsfluss ebenfalls Räume für ihre Nutzer dar, für welche die naturwissenschaftliche Auffassung von Raum als Behälter unstreitbar zu kurz greift. Der – sozial konstruierte – Raum bildet somit auch in virtueller Form die Grundlage, auf welcher sich soziale Positionen und Lebensstile abzeichnen.

Der *spatial turn*, der in den achtziger Jahren in den Kultur- und Sozialwissenschaften Einzug hält, gilt diesbezüglich als Paradigmenwechsel, der eine Hinwendung zu der Annahme, Raum sei als sozial produziert aufzufassen, beschreibt. Gerade für die Ethnologie bleibt diese Annahme nicht ohne Folgen, denn sie „gilt in vieler Hinsicht als eine Wissenschaft vom Lokalen" (Sökefeld 1999: 51). Diese beschriebene Wende ist nicht zuletzt auf die prägende Konzeption des „Sozialen Raums" von Pierre Bourdieu zurückzuführen. Nach ihm ist der soziale Raum die Basis, auf welcher der „Raum der sozialen Positionen" und der „Raum der Lebensstile" existieren:

> „Der soziale Raum ist so konstruiert, dass die Verteilung der Akteure oder Gruppen in ihm der Position entspricht, die sich aus ihrer statistischen Verteilung nach zwei Unterscheidungsprinzipien ergibt, (…), nämlich das ökonomische Kapital und das kulturelle Kapital" (Bourdieu 1998:18).

Damit sind die zentralen Dimensionen des sozialen Raums beschrieben: die des „kulturellen" und die des „ökonomischen Kapitals". In einer weiteren Dimension differenziert Bourdieu diese Kapitalsorten anhand eines „intellektuellen" und eines

„ökonomischen Pols" und schafft durch die Einführung einer zeitlichen Komponente eine weitere, dritte Dimension. Als wesentliches Kennzeichen des sozialen Raums nach Bourdieu gilt dessen grundsätzliche Offenheit.

Auch Detlef Ipsen (1997) bringt Raum mit Kapital in seinem Konzept der „Raumbilder" in Verbindung und fokussiert hierbei insbesondere die Verbindung zu ökonomischem Kapital.

> „Räume, so seine Argumentation, werden stets in Verbindung mit ihrer wirtschaftlichen Situation wahrgenommen. Das Stadium der jeweiligen (post-) industriellen und kapitalistischen Entwicklungsstufe verbindet sich als Vorstellungsbild mit den Räumen, so dass diese als Sinnbild eines bestimmten Entwicklungskonzepts wahrgenommen werden." (Lang 1998:53)

Die kulturelle Komponente Bourdieus wird hier vernachlässigt und die wirtschaftliche als für die Wahrnehmung bestimmend empfunden. Ich führe diesen Ansatz – neben der Relevanz wirtschaftlicher Faktoren – vor allem deshalb an, weil er impliziert, dass Raum zunächst ‚wahrgenommen' werden muss, um Raum sein zu können. Wenn wir Raum als etwas sozial bedingtes ansehen, dann folgt daraus, dass die subjektive Wahrnehmung des Einzelnen für die Beschreibung und das entstehende „Vorstellungsbild" eine zentrale Rolle spielen.

An dieser Stelle sei deshalb aus gegebenem Anlass kurz erneut auf die konstruierte Natur unserer Wahrnehmung eingegangen, um bezogen auf die Fallsbeispiele am Ende dieser Arbeit ein Raumverständnis unter konstruktivistischem Verständnis voraussetzen zu können:

3.1 Die (konstruierte) Rezeptionsweise des Raumes

Die Welt ist uns nicht objektiv zugänglich. Wir erleben sie von einem Beobachterstandpunkt, aus einer bestimmten Perspektive, mit einer selektiven Brille. „Unser Erkenntnisvermögen ist autopoetisch (selbsttätig, selbstorganisierend), selbstreferenziell (rückbezüglich, auf frühere Erfahrungen bezogen), operational geschlossen (allerdings nicht informatorisch geschlossen) und strukturdeterminiert (determiniert durch unsere kognitiven und emotionalen Strukturen). Wir können nur diese Informationen verarbeiten, die unseren Erkenntnisstrukturen zugänglich sind, die von diesen Strukturen verarbeitet werden können" (Siebert 2005:39). Für die Wahrnehmung bedeutet dies, dass Räume auf unterschiedliche Arten rezipiert werden können, denn „unter Wahrnehmung verstehen wir den Prozess, soziale Wirklichkeit zu erfahren und zu interpretieren" (Löw 2007:13). Ergo gilt dies ebenso für die Wirklichkeit des sozialen Raums. Mentale Aktivitäten wie „unser Wahrnehmen, Denken, Fühlen, unsere Gewohnheiten und Alltagsroutinen sind sozialhistorisch, kulturell, millieuspezifisch geformt" (Siebert 2005:41) und „aufgrund [unserer] biografischen Erfahrungen und gespeicherten Gedächtnisinhalte konstruiert" (Siebert 2005:40).

Der Prozess der Wahrnehmung (von Raum) ist damit stark mit der kulturellen Identität des Einzelnen verknüpft, wird quasi durch sie konditioniert und impliziert daher verschiedene „Rezeptionsweisen des Raumes". Sie werden von Martina Löw auch als die „Atmosphären" des Raumes beschrieben, als „die in der Wahrnehmung realisierte Außenwirkung sozialer Güter und Menschen in ihrer räumlichen (An)Ordnung" (Löw 2001:272). Der Raum konstituiert sich für sie dabei prozessual, als „relationale (An)Ordnung von Lebewesen und sozialen Gütern an Orten" (Löw 2001: 271). Für Löw ist Raum damit nicht nur der Hintergrund, vor dem soziale Prozesse stattfinden, sondern Teil der Prozesse sozialer Interaktion.

Dadurch, dass wir Ähnlichkeiten in der Wahrnehmung eines Raumes zwischen einzelnen Individuen feststellen können und sich davon ausgehend eine ähnliche Konsumption des Raumes einstellt, generieren sich aus diesen Ähnlichkeiten bestimmte Arten von Kollektiven. Die geteilte Wahrnehmung des Raumes ist auf ein ähnliches Normen- und Werteverständnis, auf ein ähnliches „Bedeutungsgeflecht" zurückzuführen, aus dem sich wiederum ähnliche Interessen und Perspektiven im Raum und ähnliche Wünsche für die zukünftige Entwicklung des Raums ableiten lassen. Die Rezeption des Raumes ist demnach ausdrücklich stark mit der „kulturellen Identität" verbunden.

3.2 Stadtraum

Die für lange Zeit als unumstößlich angesehene Einheit von Kultur und Raum, bzw. Identität und Territorium, die als selbstverständliche Prämisse ethnologischer Forschung aufgefasst wurde, ist, wie bereits behandelt, aufgehoben. Sie wurde nicht zuletzt durch die heterogene Natur des städtischen Raumes aufgebrochen, wie sie sich vor allem in großstädtischen Zentren offenbart.

Wenn wir davon ausgehen, dass Raum ein Produkt sozialer Interaktion ist, dann muss Stadt nicht nur als Raum gesehen werden, der sich auf mannigfaltige Weise konstruieren lässt, sondern vielmehr als *der* Raum, der das größtmögliche Spektrum an Konstruktionsformen annehmen kann. Dies leitet sich aus der hohen inneren Diversität ab, die für die Definition von „Stadt" essentieller Baustein ist. So beschreibt Louis Wirth die Stadt bereits 1938 wie folgt: „Für soziologische Zwecke kann die Stadt definiert werden als eine relativ große, dicht besiedelte und dauerhafte Niederlassung gesellschaftlich heterogener Individuen" (Wirth 1938:48). Die Merkmale "Dichte, Größe und Heterogenität" bilden seitdem den Kern des soziologischen Verständnisses von Stadt. (Löw 2007:11). Das bedeutet, dass hier ein enormes Spektrum an unterschiedlichen Formen sozialer Interaktion existiert, was wiederum eine Vielzahl von Räumen entstehen lässt. Demnach müssen wir streng genommen davon ausgehen, dass so viele Räume entstehen, wie es Menschen bzw. Interaktionen gibt. Dennoch existieren Raumauffassungen, die sich aufgrund eines geteilten kulturellen Horizonts bei bestimmten Gruppen ähneln. Auch hier liegt also der bereits erörterte Wittgenstein'sche Terminus der ‚Familienähnlichkeiten' zur Ermittlung von Kollektiven nahe, da folgerichtig scheint, dass sich die über die Wahrnehmungen von Raum auftuenden Kollektive anhand von ‚Ähnlichkeiten' und nicht über den Anspruch vollkommener Kongruenz identifizieren. Die in dieser Arbeit folgenden Fallbeispiele stehen in ihrer Auswahl stellvertretend für ähnliche, wenngleich nicht kongruente Raumauffassungen im Feld.

Die Vielzahl an Räumen kann damit als ein weiterer Grund dafür angesehen werden, warum „jeder Versuch die moderne Gesellschaft zu verstehen, am Prozess der Urbanisierung ansetzt" (Löw 2007:14). Der städtische Raum zeichnet sich durch eine Offenheit hinsichtlich einfließender Informationen, Waren und Personen aus. „Städte sind strukturelle, strategische Knoten- und Kristallisationsorte der Arbeitsorganisation und Konsumption einer Gesellschaft" (Löw 2007:13). Wir erleben in Städten sowohl die emotional gebundene Identifikation mit Raum, wie auch den Kampf um dessen Nutzung, der zudem auf rationaler Ebene geführt werden kann.

Stadtplanung und Stadtentwicklungsprogrammen kommt somit bei der Frage nach Raum-Identifikation eine entscheidende Rolle zu, da hierbei administrativ über Nutzung bzw. Nutzbarmachung von Raum entschieden wird. Anders als bei der sich historisch ableitenden Raumnutzung wird durch formale Stadtentwicklung eine Nutzung *top-down* initiiert. Ein Kampf um die spezifische Nutzung und den Gebrauch des Raumes kann bei einem *Mis-Fit* städtischer Vorstellungen und Erwartungen der Raum-Bewohner entstehen, wie es in den *Kapiteln 4.4. und 4.5.* exemplarisch beschrieben wird.

3.3 Ordnungskonzeptionen der Stadt

Der durch „Dichte, Größe und innere Heterogenität" (Wirth 1938) gekennzeichnete städtische Raum kann auf unterschiedliche Arten organisiert und geordnet werden. Um zu demonstrieren, wie diese Ordnungskonzeptionen aufgebaut sein können, sollen folgend drei Prototypen vorgestellt werden, die zur spezifischen Ordnungskonzeption der Mannheimer Innenstadt überleiten.

Die Ordnungskonzeption des städtischen Raumes gehört neben dem Klima, der Bebauung und der politischen Verfasstheit zu den charakteristischen Eigenarten einer Stadt. „Die Ordnungsvorstellungen [von Stadt] lassen sich aus der kulturspezifischen Art und Weise ablesen, wie der städtische Raum gegliedert und bewertet wird" (Schiffauer 1997:110). Die Rolle der Innenstadt, also des räumlichen Zentrums, ist für die Gesamtordnung der Stadt dabei von entscheidender Bedeutung. Dies lässt sich beispielhaft anhand der unterschiedlichen Ordnungskonzeptionen der Städte Paris, London und Chicago illustrieren.

In der Stadt Paris ist das Ideal der Urbanität mit dem Bild des Zentrums verbunden, welches tatsächlich auch im räumlichen Kern der Stadt verortet ist. Das Leben in den *Banlieus* wird hingegen mit halber und defizitärer Urbanität assoziiert (ebd.). Der Grundriss der Stadt Paris lässt sich als ein von einem Straßenkreuz durchschnittener Kreis beschreiben. Diesem Grundriss entspricht das Ordnungs- und Bewertungsschema (ebd.). Je weiter man sich vom Zentrum entfernt, desto niedriger werden die Mietpreise für Wohnraum und Gewerbeflächen, wie auch der Ausbau der

Infrastruktur sich verschlechtert. Als Folge verringert sich zudem mit der Entfernung zum Zentrum der mit dem Raum verbundene Status. Die bevorzugten Wohnlagen befinden sich im Zentrum der Stadt, die Mietpreise sind hier am höchsten. Das Pariser Zentrum ist das Aushängeschild der Stadt und bildet so im Kleinen die verhältnismäßige Ordnung des zentralistischen Nationalstaats Frankreich zu seiner Hauptstadt Paris nach.

„Das englische Bild der Stadt ist in manchem dem französischen entgegengesetzt. Dies drückt sich in einer fast umgekehrten Sicht von Innen und Außen aus: Urbane Problemzonen werden anders als in Frankreich nicht mit Außenbezirken assoziiert, sondern gerade mit den Innenstädten. Dagegen scheinen die Außenbezirke relativ sichere (wenngleich unter Umständen etwas langweilige) Wohnviertel darzustellen" (Schiffauer 1997:114). Die Engländer sehen folglich Vororte als die Plätze an, in denen sich das Ideal der Abgeschiedenheit und der Individualität am Besten verwirklichen lässt (ebd.). Die *Suburbs* werden zudem als sicherer eingestuft, als die Innenstadt.

Es sei bereits an dieser Stelle darauf verwiesen, dass nur Ordnungstypen, die traditionell an solche oder ähnliche Ordnungskonzeptionen wie das der Londoner Innenstadt anlehnen, eine Basis für Gentrifizierungsprozesse bieten können, denn nur sie lassen Raum für die Aufwertung innenstadtnaher Gebiete, die zunächst als soziale Brennpunkte ausgewiesen werden.

Werner Schiffauer bezeichnet das klassische Ordnungskonzept amerikanischer Großstädte als „Gitter". Als Sinnbild dieser Konzeption führt er die Stadt Chicago an. „Hinter dem Gitter steht die Vision der Beherrschung der natürlichen und der sozialen Welt. [...]Es steht für Planbarkeit, Rationalität, Berechenbarkeit" (Schiffauer 1997:116). Das Gitter ist im Gegensatz zum Kreis nicht geschlossen, sondern offen. Im Hinblick auf die Gitterstruktur der Mannheimer Innenstadt, die als Planstadt im 17. Jahrhundert errichtet wurde und in der keine Straßennamen, sondern nur „Quadrate" existieren, eröffnet Schiffauer's Charakterisierung der Gitterstruktur eine Parallele. „Quadrat schließt sich an Quadrat und verlängert sich potentiell ins Unendliche. Dabei setzt das Gitter eine prinzipielle Gleich-Gültigkeit aller Orte. Die extrem hohe Mobilität [...] korrespondiert dem. In dem Verhältnis zur Stadtkultur bedeutet dies, dass man tendenziell eher den Ort wechseln als in einen gegebenen Ort Zeit und Mühe investieren wird. In der Alltagswirklichkeit konkretisiert sich das Gitter im Wohnblock" (ebd.:118).

Die Planung der Mannheimer Innenstadt in Quadrate lässt sich ebenfalls auf die gute Beherrschbarkeit der sozialen Welt zurückführen, die zu Zeiten der Stadtgründung aus einem damals modernen Verständnis heraus entstand.

Die Blocks, die am weitesten vom Schloß entfernt liegen – dies schließt sowohl die westliche Unterstadt als auch den Jungbusch mit ein – waren seit Anbeginn der Gründung billiger Wohnraum und beherbergten somit schon immer eine soziale Unterschicht (Keim 1995:51f).

Die räumliche Ordnung der Stadt Mannheim steht damit konträr zu dem der Stadt Paris. Obwohl die Quadrate durch den „Ring" kreisförmig eingeschlossen sind, ist die Innenstadt als Gitter angelegt, in dem traditionsgemäß soziale Brennpunkte in bestimmten Bereichen verortet waren und nach wie vor sind. Das Mannheimer Zentrum wurde, ähnlich wie auch amerikanische Städte, am Reißbrett entworfen. Sie wuchs demnach nicht organisch und war von Anfang an auf Funktionstüchtigkeit ausgerichtet, was die Entstehung von Problembezirken im Zentrum jedoch nicht verhinderte.

3.4 Die Ordnungslogik der Quadratestadt Mannheim

Die Mannheimer Innenstadt ist als Planungsstadt des 17. Jahrhunderts in einem schachbrettartigen Muster angelegt. Dieses Muster kann durchaus auch als Gitterstruktur aufgefasst werden. Es besteht aus einzelnen (Häuser)Blocks, die seit 1670 als Quadrate bezeichnet werden. Heute existieren 148 Quadrate, welche sogenannte „Literierungen", also Bezeichnungen nach Buchstaben und Zahlen, tragen. Ausrichtungspunkte für die Ordnung innerhalb dieses Systems sind das Schloß sowie die „Breite Straße" (offiziell: Kurpfalzstraße), die orthogonal zu diesem verläuft. Die systemimmanenten Literierungen beginnen aus Schlosssicht linksseitig der „Breiten Straße" mit dem Quadrat A1 und enden an der Kurpfalzbrücke mit dem Quadrat K1. Rechtsseitig der „Breiten Straße" setzt sich das System mit dem Quadrat L1 fort und endet mit dem Quadrat U1. Hinter den mit der Zahl „1" benannten Quadraten entfernen sich von der „Breiten Straße" die 2er-, 3er-, 4er-, 5er-, 6er- und 7er-Quadrate bis zum Ring.

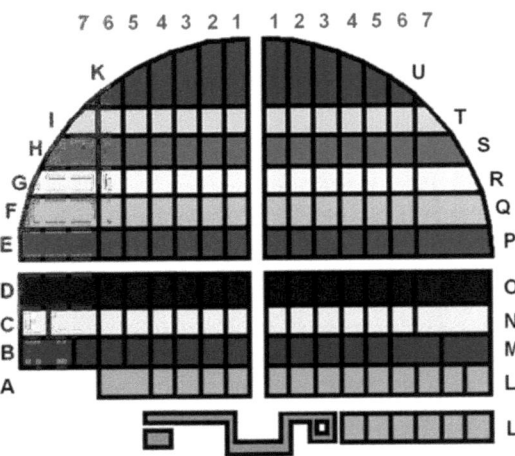

Abbildung 1:   http://de.wikipedia.org/wiki/Mannheimer_Quadrate

Somit ergeben sich für jeden Buchstaben sieben Blocks, mit Ausnahme der Quadrate „C" mit insgesamt acht und „L" mit insgesamt 15 Blocks. Auch der Jungbusch war einst Teil dieser schachbrettartigen Ordnung. Noch heute lassen sich im Jungbusch Gebäude finden, die Hinweise auf diese ehemalige Literierung geben. So weist beispielsweise eine Markierung in der Böckstraße darauf hin, dass hier einst das Quadrat H11 seinen Standort hatte.

3.5 Access to Diversity – Diversity of Access

Für Ulf Hannerz existiert in der Stadt ein *diversity of access* nicht weniger als ein *access to diversity* (1980).[6] Dieser Befund kann als generelles Kennzeichen von Stadt angesehen werden, der auf zwei unterschiedliche Sphären von Heterogenität anspielt. Die zugrundeliegende Annahme bezieht sich auf die grundsätzliche Offenheit hinsichtlich dem Im- und Export von Waren und dem ständigen Fluss von Menschen. Ohne einen Zuwanderungsfluss bzw. ohne den Fluss von Waren gäbe es in diesem Sinne auch keine Stadt. Kaschuba 2004:63). Wolfgang Kaschuba führt dies auf den deskriptiven Befund zurück, „[...] dass sie auch ‚das Andere' beherbergen, nicht nur ‚das Eigene'. Und dass sie eben auch groß genug sind, um ein ‚Anderssein' zulassen zu können. Dass sie Vielfalt ermöglichen, weil sie sonst an der Masse der Einfalt ersticken würden. Und dass sie auf Neues und Fremdes angewiesen sind, um sich zu entwickeln – ja, dass sie das Neue aufsaugen" (ebd.:64)

Innere Diversität darf jedoch nicht nur über Migrationsprozesse, sondern muss auch über alternative Formen des ‚Andersseins' verstanden werden. Hierunter kann vereinfacht all das gefasst werden, was Diskriminierungen seitens einer Mehrheitsbevölkerung erzeugen kann – sexuelle Ausrichtung, politische Gesinnung, Lebensstile und Religionszugehörigkeit sind hier nur ausgewählte Überbegriffe.

Diese innere Diversität führt im Umkehrschluss dazu, dass erst in der Stadt der Zugang zu Vielfalt (*access to diversity*) derart gegeben ist, dass jedes Individuum die Möglichkeit besitzt, seine Nische zu finden und sich einzelnen Kollektiven anzuschließen. Dies ist im Hinblick auf unser erörtertes Kulturverständnis von Bedeutung, denn:

> „in der Stadt ist es für den Einzelnen viel einfacher als in den wesentlich kleineren Gemeinwesen auf dem Land, sich Gleichgesinnten anzuschließen, also Personen zu finden die eine ähnliche Einstellung, eine ähnliche Meinung haben. (...) Erst in der Stadt gibt es jedoch genügend andere (Hannerz spricht von einer ‚kritischen Masse'), dass man mit ihnen eine Gruppe bilden kann – in anderen Worten: erst in der Stadt kann sich eine ‚Subkultur' entwickeln " (Schiffauer 1997:94).

---

6 Gemeint ist hier, dass sich Stadt sowohl durch eine Vielfalt an Zugängen (unterschiedliche Relevanzbereiche) wie auch durch einen Zugang zu Vielfalt (gesellschaftliche Heterogenität) auszeichnet.

Der angesprochene ‚multiple Charakter' der kulturellen Identität, also die Partizipation an unterschiedlichen ‚Subkulturen', erklärt sich bei Hannerz über die im städtischen Raum vorhandene Vielfalt an Zugängen (*diversity of access*). Dies ist eine Eigenart der Moderne, die sich am augenscheinlichsten in Städten abbildet (vgl. Löw 2007:14).

> „In der Stadt schichtet sich das Leben in verschiedene Relevanzbereiche - Hannerz nennt Arbeit, Wohnen, Verkehr, Freizeit und Verwandtschaft. Diese fallen in der Regel auseinander - so dass das Individuum in jeder dieser Sphären mit anderen Personen zusammenkommt. (...) Bezogen auf Hannerz Vorstellung von Kultur folgt daraus, dass das Individuum an mehreren kulturellen Sphären partizipiert, und umgekehrt, dass mehrere kulturellen Sphären über das Individuum miteinander vernetzt sind" (Schiffauer 1997:93)

Diese Vernetzung lässt uns die Stadt als „*network of networks*" denken, die über den ‚multiplen Charakter' der kulturellen Identität des Einzelnen[7] verschiedene Subkulturen miteinander verzahnt.

Hannerz leitet hieraus sein Konzept des *Kulturellen Flusses* (1980) ab. Die hierfür notwendigen Bedingungen können sich für ihn nur aus dem Feld der Stadt ableiten. Sie umfassen die äußere Offenheit, die eine Vorraussetzung für Import und Export von kulturellen Entwicklungen und Gütern darstellt, ebenso wie eine gewisse Größe der Bevölkerungszahl, die meist mit einer hohen Dichte einhergeht[8] sowie eine innere Offenheit gegenüber den einzelnen Kulturräumen und einzelnen kulturellen Produktionsmodi (vgl. Hannerz 1992: 197-210).

Die Konzeption eines „*network of networks*" und die dabei dem einzelnen Individuum zukommende Rolle lässt sich an dem Ansatz zu Sozialkapital nach Oscar W. Gabriel verdeutlichen, der im folgenden Kapitel kurz Vorstellung findet. Dessen Auffassung von Sozialkapital eignet sich gut zur Analyse von Netzwerken, sozialen Kollektiven und deren Genese auf einer Mikroebene, wie sie Jungbusch und Filsbach darstellen. Sie unterstützt meines Erachtens zudem die Hannerz'sche Argumentation zu Kollektivbildungen und erklärt die wechselseitige Vernetztheit einzelner Subkulturen durch „überbrückendes Sozialkapital".

3.6 Normen und Werte, Vertrauen, Netzwerke – Sozialkapital nach Oscar W. Gabriel

Die Genese einer sozialkulturellen Infrastruktur lässt sich plausibel mit dem definitorischen Ansatz zu Sozialkapital nach Oscar W. Gabriel erklären. Die konzeptionelle

---

[7] also der Partizipation an unterschiedlichen Kollektiven, die für die Bildung der individuellen Identität des Einzelnen von Bedeutung sind

[8] Dies ist zwingend notwendig, damit sich tragfähige Subkulturen bilden können und durch die Vernetzung dieser Netzwerke die Vervielfältigung und Verbreitung von kulturellen Innovationen ermöglicht werden kann.

Fassung des Begriffs geht in seinem Ursprung auf Piere Bourdieu (1983) zurück, der als Erster eine Differenzierung der Kapitalsorten „ökonomisches", „kulturelles" und „soziales Kapital" vornahm. Robert Putnam (2000) verhalf dem Begriff später mittels seines Werks „*Bowling Alone*" zu gesteigertem Ansehen, in dem er an Hand von Sozialkapital gesellschaftliche Strukturen in den USA analysierte.

Aus dieser Begriffstradition heraus entwickelt Gabriel eine Definition zu sozialem Kapital, die sich auf die drei Pfeiler „Netzwerke", „Normen und Werte" sowie „Vertrauen" (vgl.Gabriel 2002: 20) stützt. Diese drei Pfeiler stehen in einem dynamisch wechselseitigen Verhältnis zueinander, aus dem sich, auf allen denkbaren gesellschaftlichen Ebenen, Sozialkapital bilden kann. Sie sind eingebettet in das Verhältnis von sozialer Struktur und Kultur. Jeder der drei Pfeiler untergliedert sich weiter in Sub-Facetten (ebd.). So zählen zu ‚Netzwerken' nicht nur alle formalen Mitgliedschaften in Vereinen, Verbänden oder Unternehmen sondern auch informelle Kontakte wie sie etwa in Familien oder Freundeskreisen bestehen. ‚Vertrauen' untergliedert sich nicht nur in persönliches und soziales Vertrauen, sondern auch in die generelle (soziale) Zufriedenheit sowie in Erfahrungen mit und dem Verständnis von Reziprozität. ‚Normen bzw. Werte' lassen sich mit Schlagworten wie kulturelle Verpflichtungen und Solidaritäten, dem Spektrum an Toleranz sowie den demokratischen Orientierungen grob charakterisieren (vgl. Van Deth 2003:83).

> „Wie alle Formen von Kapital verschafft Sozialkapital seinen Eigentümern Einkommen oder Einfluss (Verzinsung), aber anders als Humankapital kann Sozialkapital nur innerhalb von Beziehungen realisiert werden. Damit ist der strukturelle Aspekt des Begriffs festgelegt: Es handelt sich [...] um Ressourcen und Leistungen von Akteuren, die in der Beziehung zu anderen Akteuren wirksam werden. Zugehörigkeit zu Netzwerken, die Beteiligung an Aktivitäten von Vereinen und Verbänden, informelle Kontakte am Arbeitsplatz oder regelmäßige Skatabende mit Nachbarn sind Beispiele solcher Beziehungen." (Gabriel 2002:26)

Die Ressourcen, auf die bei einer Netzwerkbildung zurückgegriffen wird, teilen sich in individuelle (Beziehungskapital) und kollektive Ressourcen (Systemkapital) auf. Damit lassen sich zwei Achsen beschreiben, über die sich Sozialkapital verstehen lässt. Sie werden gemeinhin als der „doppelte Doppelcharakter" des Konzepts bezeichnet. Die Horizontale verbindet einerseits strukturelle Elemente, welche die ausgeprägten Netzwerkgliederungen erfassen, mit den kulturellen Dimensionen von Vertrauen und Normen auf der anderen Seite. Die Vertikale verknüpft Ressourcen auf der Ebene des Individuums (Beziehungskapital) mit Ressourcen auf der Ebene des Kollektivs (Systemkapital) (vgl. Gabriel 2002: 25).

Die Erhebung von Daten zum Feld der Normen, Werte und des Vertrauens, aber auch die deskriptive Erfassung von formalen wie informellen Kontakten und Vereinigungen sowie die Haltung gegenüber Gesellschaft, legt eine qualitative Forschungsmethodik nahe. Auch wenn nicht jeder Aspekt über spätere Fallstudien und erhobene Netzwerk- bzw. Gewerbetopographien erschlossen werden kann, so eröffnen sich dennoch plausible Zusammenhänge.

Innerhalb der konzeptionellen Logik wird zwischen „bindendem" und „überbrückendem" sozialen Kapital unterschieden. So stellen Vereinigungen und Netzwerke, deren Verbindungen nicht über die gemeinschaftsseigenen Grenzen hinausführen – weil sie vielleicht radikale Interessen vertreten oder kulturelle Unterschiede nicht zu überbrücken wissen – bindendes Sozialkapital dar. Dieses bindende Kapital wird in vielen Fällen auch als die *„dark side"* von Sozialkapital bezeichnet. Vereinigungen, Gemeinschaften oder Kollektive, die inhaltlich eher eine breite Masse ansprechen, neigen dazu, viele Anknüpfpunkte zu anderen Netzwerken zu besitzen. Über diese Offenheit tun sich für Mitglieder weitere Verbindungen auf, die aus der Vereinigung hinaus führen. Solche Kollektive verfügen daher über brückenbildendes Sozialkapital. Die Überbrückung von gemeinschaftsseigenen Grenzen passiert im Alltag oft über einzelne Personen und deren Partizipation an unterschiedlichen Gruppen und Subkulturen. An dieser Stelle verweise ich auf den in den vorangehenden Kapiteln bereits erwähnten multiplen Charakter von kultureller Identität nach Schiffauer sowie auf den Ansatz zu *„diversity of access"* nach Hannerz. Die sich daraus ergebenden Orte und Formen des Austauschs und die mit ihnen verbundene Interaktion illustrieren zudem die im *Kapitel 2.5* beschriebene Dynamik von Kultur im Sinne einer Transkulturalität.

Der Ansatz zu Sozialkapital bietet sich für die Analyse von transkulturellen, sozialen Räumen an, da dieser sich nach Gabriel auf pragmatische Indizien stützt. Die Erfassung von sich bildenden Kollektiven erhält über den Netzwerkbegriff eine Offenheit hinsichtlich der Ausbildung von informellen Kollektiven und deren Vernetztheit untereinander. Diese theoretische Berücksichtigung ist für meine Zwecke vorteilhaft, da sie zu der gelebten sozialen Struktur führt, über die Raum erschlossen wird.

4 Gentrifizierung und Aufwertung

Ein Begriff ist in aller Munde – ‚Gentrification' hat langsam aber sicher seinen Weg in die Diskurse und den Wortschatz des deutschen Bildungsbürgertums gefunden. Hier wird er hinsichtlich der Nutzung von Raum in urbanen Zentren in neuerer Zeit verstärkt gebraucht.

4.1 Gentrifizierung – Geschichte des Begriffs

Angeregt durch prominente Beispiele wie Prenzlauerberg (Berlin), Kreuzberg (Berlin), St.Pauli (Hamburg) oder das Gänge-Viertel (Hamburg), wird vergleichsweise schnell dazu übergegangen, jegliche Art der Aufwertung oder jede neueröffnende Galerie als Indikator einer drohenden Gentrifizierung zu werten.

Der von Ruth Glass (1963) geprägte Begriff ‚Gentrification' wurde in den USA bereits während der siebziger Jahre diskutiert. Er beschreibt allgemein einen Prozess, in dem „ein schnelles Ansteigen des Anteils an Bewohnern der (oberen) Mittelschicht in ehemaligen Arbeiterwohngebieten bzw. in zuletzt von Arbeitern bewohnten Gebieten" (Blasius/Dangschat 1990:11) zu verzeichnen ist. Neben der Diskussion dieses demographischen Wandels machen Kreuzberg, St. Pauli und Co. eines klar: die kommunale Ebene des Stadtteils und des Quartiers rückt verstärkt in die öffentliche Diskussion. Das medial wirksame *Branding* (Greenberg 2008: 35, Evans 2006:206) und *Selflabeling* von einzelnen Stadtteilen fällt seiner eigenen *Hippness* zum Opfer.

Auch der Jungbusch und die Filsbach (in Teilen) gelten als eben solche Viertel, welche im Zusammenhang mit diesem urbanen Phänomen diskutiert werden. Der Jungbusch, in dem – vom Krieg verschont – viel Altbausubstanz vorhanden ist, entwickelt sich im Laufe der Nachkriegszeit zum Wohnraum für eine soziale Unterschicht, mehrheitlich ohne deutschen Pass. Seit den achtziger Jahren quartieren sich zudem Alternative und vereinzelt Künstler im Bezirk ein. Im Zuge der EU-Osterweiterung im Jahre 2007 erlebt der Stadtteile zusätzlich eine regelrechte Flut von Migranten aus Osteuropa. Der Einzug dieser einkommensschwachen Gruppe mit niedrigem Bildungsstand weist uns darauf hin, dass das Mietpreisniveau im Jungbusch zu diesem Zeitpunkt und wie auch aktuell als unterdurchschnittlich einzustufen ist. Es ist anzunehmen, dass die neu entstandenen und bestehenden migrantischen Netzwerke, bedingt durch das in ihnen schlummernde Sozialkapital, als zusätzlicher *Push*-Fakor für die stattfindenden Kettenmigrationen anzusehen sind. Gleichzeitig ist in den vergangenen Jahren zu beobachten, dass parallel zu dem seit 2003 stattfindenden Strukturwandel auch eine kleine einkommensstarke Bewohnergruppe neu in den Jungbusch einzieht. Die Analyse dieses Trends sowie die ihm vorausgehenden Auswirkungen von diversen Strukturwandlungsprogrammen, soll in diesem Kapitel vor dem theoretischen Hintergrund der Gentrifizierung durchgeführt werden. So thematisiert beispielsweise auch Esther Baumgärtner in ihrer Dissertationsschrift „Lokalität und kulturelle Heterogenität" (2009), inwiefern die Aufwertungsprozesse im Jungbusch eine Gentrifizierung im klassischen Sinne nach sich ziehen. Auf Baumgärtners Ergebnisse werde ich an späterer Stelle näher eingehen. Zunächst jedoch soll der ursprüngliche definitorische Rahmen näher umrissen werden.

Mit den Phänomen ‚Gentrifizierung' sehen sich europäische Städte mit ihren oftmals historischen Stadtkernen erst seit Anfang der neunziger Jahre konfrontiert. Eines der ersten Beispiele ist die Stadt London. Die bereits erwähnte Verortung von sozial benachteiligten Stadtquartieren im Zentrum der Stadt London bildete hierfür die Grundlage, da ein mit infrastruktureller Aufwertung verbundener demographischer Wandel nur dort stattfinden kann, wo dementsprechende Potentiale vorhanden sind.

In Deutschland setzt man sich auf städtischer Ebene erst seit Anfang der neunziger Jahre mit dem Thema auseinander. Dass viele deutsche Innenstädte – wie z.B. auch Mannheim – im zweiten Weltkrieg ausgebombt und neu aufgebaut wurden, spielt dabei eine nicht unerhebliche Rolle: Viel Altbausubstanz geht im Laufe des zweiten Weltkriegs verloren. Die Strategien des Wiederaufbaus variierten im interstädtischen Vergleich. In ihrer Studie zur „Seele Mannheims" stellt Martina Löw (2011) fest, dass die günstigen wirtschaftlichen Faktoren des Standortes Mannheim dazu führten, dass die Stadt einen vergleichsweise schnellen wirtschaftlichen Aufschwung erlebte. In Folge dessen musste, bedingt durch den Zulauf an Arbeitskräften, schnell und billig neuer Wohnraum entstehen. Mannheim setzte damit im Gegensatz zu anderen Städten vergleichbarer Größe weniger auf eine ästhetisch ansprechende Rekonstruktion seiner Innenstadt, als auf die schnelle Erzeugung von Wohnraum im Dienste der Wirtschaft (Löw 2011). Das Ausmaß der weltkriegerischen Zerstörungen und die erörterte Strategie des Wiederaufbaus führten in Kombination mit der hohen Verkehrs- und Lärmbelastung dazu, dass die Mannheimer Innenstadt im Laufe der Nachkriegszeit als Wohnraum mehr und mehr an Attraktivität verlor (vgl. Keim 1995:44). Auch die Nutzung der Gewerbeflächen war von dieser Entwicklung betroffen: In der Zeit von 1950 bis 1979 nahm die Zahl der in der Filsbach registrierten Betriebe um fast 50% ab (Keim 1995:75). Bis in die Gegenwart spiegelt sich dies speziell im Gebiet der Unterstadt und des Jungbusch in niedrigen Mietpreisen wider.

Aufgrund einer gesteigerten Mobilität und aufkommenden Neubausiedlungen war es Anfang der neunziger Jahre für die Generation der sogenannten ‚Baby-Boomer' zudem immer öfter möglich, sich den Traum vom Eigenheim in der Vorstadt zu realisieren. Der Wunsch junger Familien nach Ruhe und sicheren (Verkehrs-)Verhältnissen wurde dieser Orts befriedet. Die benötigte Infrastruktur mit weiterführenden Schulen, Einkaufsmöglichkeiten und Verkehrsanbindung zog rasch nach. Die als attraktiv wahrgenommene Situation der Vorstädte wirkte somit als *Pull*-Faktor hinsichtlich der Bevölkerungszahlen in den Innenstädten, wo in der Konsequenz die Nachfrage nach Wohnraum erheblich sank (vgl. ebd.). So leben beispielsweise 1985 in der Mannheimer Innenstadt nur 24.102 Menschen, also nur 8,0% der Mannheimer Gesamtbevölkerung (Krämer und Zapf 1990:400). Im Jahre 2010 verzeichnet das Gebiet Innenstadt/Jungbusch hingegen 32.203 Menschen (Statistikstelle Stadt Mannheim, Stand 31.12.2010), was 9,9% der Mannheimer Bevölkerung entspricht. Die niedrige Nachfrage nach innerstädtischem Wohnraum zieht eine Senkung der Mietpreise nach sich. Dieser Mechanismus führte nicht nur in Mannheim, sondern auch in vielen anderen deutschen Städten dazu, dass sich bestimmte Innenstadt-Teile zum bevorzugten Wohnraum für eine soziale Unterschicht und sogenannte *Starter*[9] entwickelten. Diese Sachlage bildet die Basis, auf welcher ein demographischer Wandlungsprozess wie Gentrifizierung überhaupt möglich wird: billiger Wohnraum in innenstadtnahen Lagen, gegebenenfalls mit einer ansprechenden Architektur.

Welche Entwicklungsmöglichkeiten liegen billigen Wohnräumen anheim, welche sich über die Jahre zu sozialen Brennpunkten entwickeln und nicht selten als „Schandfleck" oder „Rumpelkammer" im Stadtbild gelten?

4.2 Definitionsansätze

Nach der oben zitierten, rudimentären Gentrifizierungs-Definition von Blasius und Dangschat gehen wir davon aus, dass der Prozess im Wesentlichen durch einen Bevölkerungsaustausch gekennzeichnet ist. Eine (obere) Mittelschicht zieht in ein Gebiet ein, welches zuvor von Arbeitern bewohnt wurde. Eine anders akzentuierte Definition führt Neil Smith auf, indem er Gentrifizierung als „Prozess, in dessen Verlauf zuvor verwahrloste und verfallene innerstädtische Arbeiterviertel für Wohn- und Freizeitnutzungen der Mittelklasse systematisch saniert und renoviert werden" (Smith 1993: 183) beschreibt. Dieser Ansatz birgt im Prinzip die gleiche Konsequenz in sich. Er bringt jedoch einen zusätzlichen Aspekt in die Debatte mit ein: den Aspekt der Freizeitnutzung. Wie wirken sich prozessimmanente Veränderungen im Hinblick auf die Umstrukturierung des öffentlichen Raumes aus? Wer gibt den Impuls für die „systematische Sanierung und Renovierung"? Barbara Lang wird in ihrem Definitionsansatz konkret:

> „Im engeren Sinne bezeichnet Gentrifizierung die architektonische Aufwertung innenstadtnaher Wohngebiete in Form von Renovierung und Modernisierung sowie der Umwandlung von Miet- und Eigentumswohnungen (auch Dachausbau). Diese Veränderungen im Wohnungswe-

---

9 Der Begriff Starter beschreibt sowohl Berufsanfänger, Studenten als auch Migranten

sen implizieren Mietpreissteigerungen und den Einzug der neuen städtischen Mittelschicht bei gleichzeitiger Verdrängung bisheriger Bewohner. Da die neuen Mieter auch andere Bedürfnisse in Bezug auf Konsum- und Freizeitverhalten mitbringen, ist die Veränderung der örtlichen Infrastruktur – Bars, Cafés, Boutiquen und Delikatessengeschäfte anstelle von Eckkneipen und Supermärkten – ein zusätzliches Charakteristikum von Gentrifizierung" (Lang 1998:37).

Lang beschreibt an dieser Stelle kompakt die entscheidenden Variablen der sozialen und wirtschaftlichen Transformation. Sie legt zudem eine logische Abfolge fest: das neuentstandene Angebot folgt auf eine veränderte Nachfrage, die zeitverzögert zur neuen Bewohnerschaft in das Viertel einzieht. Dies ist ein wesentlicher Mechanismus in der theorieimmanenten Logik des Prozesses. Im späteren Teil dieses Kapitels soll herausgestellt werden, dass eben diese Kausalfolge für das Beispiel Jungbusch nicht zutrifft. Der demographischen Wandel im Quartier trägt daher nicht die Züge einer klassischen Gentrifizierung.

Lang differenziert ihren Ansatz weiter aus, indem sie ein prototypisches ‚Drei-Phasen-Modell' aufstellt, in welchem einzelne Stufen durch bestimmte Veränderungen gekennzeichnet sind. Zu Anfang des Prozesses ziehen Studenten, Künstler, Auszubildende sowie ethnische Minderheiten in einen Stadtteil, dessen unsanierte Gebäude, soziale Missstände und die zentrale städtische Lage kennzeichnend sind und auf eine oft seit Jahrzehnten andauernde Vernachlässigung von städtischer Seite zurückzuführen sind. Renovierungsarbeiten werden von oben genannter Gruppe selbst verrichtet, Altbauten eigenständig saniert, die freien und/oder billigen Flächen unter einer gewissen Risikobereitschaft als Wohn- oder Gewerbeflächen genutzt. Dieses risikobehaftete Engagement wird auch als „*sweat equtity investment*" (Berry 1985) bezeichnet. Die niedrigen Mietpreise und die bröckelnde Infrastruktur in sozial geächteter Umgebung bieten Raum für gesellschaftliche Nischen und Subkulturen.

„Von offizieller Seite wurde nicht viel [für das Viertel] getan. Die Leute waren gezwungen, sich selbst zu organisieren, oder sich selbst zusammenzuraufen und für sich einen Weg zu finden, zusammenzuleben. Das ist erstaunlich gut gelungen, finde ich"

So beschreibt Ingo, einer der *Starter* von damals und heute Kneipier vom „Blau", im Film „Transnationalmannschaft", die damalige Situation.

Öffentlicher Raum wird auf diese Weise quasi neu erschlossen und Wohnraum somit für eine Klientel attraktiv, die sich nicht einer sozialen Unterschicht zuzuordnen lässt. Entscheidendes Kriterium für den Zuzug dieser *Starter* ist hierbei jedoch nicht nur die innenstadtnahe Lage, sondern vor allem der ökonomische Faktor des niedrigen Mietpreises. Einige Autoren sehen eine reizvolle Architektur oder die Altbausubstanz der Wohnhäuser des Viertels ebenfalls als relevanten Faktor an (u.a. Smith 1996, Glass 1964). Die *Starter,* denen im Zuge der Neuerfindung des Raumes die entscheidende Rolle zukommt, werden in der Literatur zu Gentrifizierung meist als „Pioniere" bezeichnet (u.a. Smith 1993, 1996; Lang 1998; Baumgärtner 2009;

Blasius 1990; Friedrichs 1996). Zur Beschreibung der Einzügler der ersten Phase entscheide ich mich dennoch für die Bezeichnung *Starter*.[10]

Die Neuerfindung des Raumes lässt sich in dieser ersten Phase besser als eine Art *Trendification*[11] (Smith 1996:33) verstehen, die durch ihre spezifische Art der Umsozialisierung des Raumes eine Atmosphäre schafft, welche wiederum prospektive Bewohner anzieht; also „all jene, die es lieben, in unprätentiöser Umgebung, in einem ethnisch gemischten Viertel zu leben, dem sie zudem durch ihre eigenen Bau- und Renovierungsmaßnahmen ihr eigenes Gepräge geben können" (Lang 1998:38).

Der Zuzug dieser neuen Gruppe entspricht der Einleitung der zweiten Phase des prototypischen Transformationsprozesses nach Lang. Diese Gruppe unterscheidet sich von den *Startern* vor allem dadurch, dass sie eine soziale Mischung eher ablehnt und hauptsächlich durch die *Hippness* des Stadtteils angezogen wird. Ihre wirtschaftliche Situation ist der der *Starter* jedoch nicht unähnlich. Die zweite Phase kennzeichnet sich vor allem dadurch, dass im Zuge der beschriebenen *Trendification* zunehmend Makler auf das Gebiet des potentiell lukrativen Marktes aufmerksam und spekulative Modernisierungen vorgenommen werden (vgl. Friedrichs 1996:19). Dieser Abschnitt im prototypischen Ablauf des Prozesses nach Lang kann und muss als für die Zukunft bestimmend angesehen werden.

Wie reagieren Investoren auf die sich abzeichnenden Veränderungen? Wie geht man von städtischer Seite mit den sich einstellenden Veränderungen um? Wird versucht, die sich ergebende Situation für Stadtentwicklungsprogramme zu nutzen oder überlässt man den Veränderungsprozess und die mit ihm in Verbindung stehenden Akteure weiterhin sich selbst? Erst in der dritten Phase ziehen nach Lang die sogenannten *Gentrifier* ein.

„[...]im Gegensatz zu den *Startern* haben sie ihre Ausbildung bereits abgeschlossen, verfügen über ein festes, geregeltes Einkommen und können sich einen höheren Lebensstandard leisten. Die wesentliche Differenz zwischen *Startern* und *Gentrifiern* besteht also in ihren unterschiedlichen Lebensstilen. Diese sind jedoch nicht nur Konsequenz der jeweiligen ökonomischen und sozialen Lagen, sondern sie wurzeln ebenso in unterschiedlichen Wertewelten: Konsumfreudigkeit, Karriere, Wohlstand – so könnte man die Lebensorientierung der *Gentrifier* umschreiben; ihnen steht Bescheidenheit, Politikbewusstheit und soziale Verantwortung auf Seiten der Pioniere gegenüber" (Lang 1998:38).

---

10 Es sei an dieser Stelle auf die zu Recht geäußerte Kritik von Smith (1996) hinsichtlich des Ausdrucks „Pioniere" oder auch *„urban pioneers"* verwiesen. Smith stellt fest, dass – ähnlich wie auch bei den Pionieren des „wilden Westens" – die Assoziation erzeugt wird, dass dieser Ort bislang unbewohnt sei. Die soziale Unterschicht wird im Zuge dieser Formulierung als nichtig, bzw. nicht erwähnenswert angesehen.

11 Der ursprünglich auf ein Australisches Fallbeispiel bezogene Begriff verstärkt den Aspekt der sozialen Wahrnehmung eines Stadtteils als hip oder schick. Selbiger ist hinsichtlich seiner Konsequenz mit dem Begriff ‚*Gentrification'* jedoch gleichzusetzen (siehe hierzu auch: *Australian geographical studies* 1982:85; Jackson 1989:56)

In dieser dritten Phase werden nun auch die weniger risikofreudigen Investoren, Makler und Immobilienfirmen auf das Stadtviertel aufmerksam. „Nun erst beginnt die professionelle Modernisierung, die für die meisten der alteingesessenen Bewohner, aber auch für die Pioniere nicht mehr bezahlbar ist" (ebd.).

Der Aufbau des Lang'schen Modells verdeutlicht über die Festlegung bestimmter Indikatoren und sich darüber konstituierenden Phasen, dass Gentrifizierung als ein schleichender Prozess zu verstehen ist, der keine abrupte Aufwertung und keinen schlagartigen Bevölkerungsaustausch zur Folge hat.

4.3 Subformen

Ausgehend vom dargestellten Drei-Phasen-Modell nach Lang werden im Folgenden zwei Subformen des Gentrifizierungsprozesses erläutert, welche sich aus den empirischen Sachlagen zweier Ethnographien herleitet. Es handelt sich hierbei um den Ansatz der „simulierten Gentrifizierung" nach Baumgärtner, die hierüber versucht, dem Strukturwandlungsprozess in ihrem Forschungsfeld Jungbusch gerecht zu werden und den Ansatz zur „symbolischen Gentrifizierung" nach Lang, welchen sie hinsichtlich ihres Forschungsfeldes Kreuzberg entwirft.

4.3.1 Simulierte Gentrifizierung nach Esther Baumgärtner (Jungbusch)

Ausgehend vom Lang'schen Modell entwirft Esther Baumgärtner im Hinblick auf ihr Forschungsfeld Jungbusch und die hier vorherrschende Situation den Ausdruck der „simulierten Gentrifizierung". Baumgärtner (2009) stuft vor allem den Verlauf der dritten Phase, in welcher die sogenannten *Gentrifier* Einzug halten, als für den Jungbusch so nicht zutreffend ein. Sie streitet in ihren Ausführungen zwar keine gesellschaftliche Transformation ab, betont jedoch, dass der soziale und wirtschaftliche Transformationsprozess politisch kontrolliert sei. Bestimmte *Push*-Faktoren des klassischen Gentrifizierungsprozesses – wie die verstärkte Präsenz von Kunst, Kultur und privatfinanzierter infrastruktureller Sanierung – seien durch städtische und europäische Mittel jedoch gefördert.

Die Folge muss gleichsam Ziel einer jeden städtisch initiierten, infrastrukturellen Aufwertung sein – eine gesteigerte Attraktivität des Stadtteils. Dass sich die Attraktivität des Quartiers auch für Immobilienspekulanten erhöht, die durch ihre Investitionen wiederum einen demographischen Wandel provozieren, ist eine andere Realität. Sie ist die Folge einer jahrzehntelang städtisch-geduldeten sozialen Marginalisierung des Stadtteils, aus der im Klima einer subventionierten Aufwertung hohe Renditen erwachsen. Dieser Art lässt sich die zwangsläufige Zweischneidigkeit einer Aufwertung im Fall Jungbusch über politische Fehler der Vergangenheit erklären.

Das erörterte Dilemma offenbart sich aktuell im beobachtbaren Diskurs über die Nutzung von Raum im Quartier Jungbusch.

Baumgärtner merkt an, dass „der Heterogenität dieser Prozesse und der beteiligten Behörden und Akteure [...] mit bisherigen Modellen [...] nur schwer Rechnung getragen werden [könne]" (2009:65). Sie bezeichnet den Vorgang daher als „simulierte Gentrifizierung", da ein politischer Impuls vor allem für die Aufwertung im Kulturbereich verantwortlich sei. So können die im Jungbusch implementierten Strukturwandlungsprogramme ‚URBAN II'[12] und ‚Ziel 2'[13] mit den ihnen verbundenen, weiterführenden Maßnahmen, basale Ausgangslagen für eine Gentrifizierung begünstigen.

Baumgärtner kommt so in ihrer Analyse zu dem Schluss, dass sich im Jungbusch vereinzelte Tendenzen und Indikatoren einer klassischen Gentrifizierung erkennen lassen. Die Situation unterscheidet sich in diesem speziellen Fall jedoch dadurch, dass der über Förderprogramme – *top down* – initiierte Strukturwandel zuerst ein Angebot schafft, der eine Nachfrage folgen soll.

Ich interpretiere die simulierte Gentrifizierung demnach so, dass im Gegensatz zu klassischen Gentrifizierungsprozessen die Kausalabfolge des prototypischen Ablaufs nach Lang umgekehrt wird. Durch diverse Anreize, wie z.B. Mittelstandsförderung, Sanierungsbezuschussung, Gastronomie-Förderung und die Förderung kultureller Einrichtungen wird versucht, die Attraktivität des Stadtteils auf verschiedenen Ebenen strategisch zu steuern, wobei der multiethnische Kontext ein kultur-afines Klima begünstigt.

Ob die Strategie „von der Rumpelkammer zum Szeneviertel" jedoch reißbrettplanerisch aufgeht, ist hinsichtlich der Erwartungen, Lebensstilen und familiären Situationen einer oberen Mittelklasse, die durch die infrastrukturelle Aufwertung angezogen wird, in Korrespondenz mit Begleiterscheinungen des Strukturwandels als fraglich anzusehen.

Ein als Kreativ- und Ausgehviertel angelegter Stadtteil, der Raum für abendliche und nächtliche Freizeitaktivitäten bietet, ist auf eine gewisse Lärmtoleranz ange-

---

12 ‚Urban II' ist ein Förderprogramm der Europäischen Union, das besonders benachteiligte innerstädtische Gebiete fördern soll. Es kann gemeinhin als ein Mittelstandsförderprogramm angesehen werden. Dabei wird versucht kleinräumig ökonomische und städtebauliche Entwicklungen voran zu treiben, die sich beispielsweise auch auf einzelne Straßenzüge beziehen können. Die „Ziele (...) liegen in der Stärkung der lokalen Wirtschaft, dem Erhalt von lokaler Infrastruktur unter Einbeziehung von Bewohnern zur Förderung ‚lokaler Identitäten' und der Flankierung durch soziale Maßnahmen" (Baumgärtner 2009:60).

13 ‚Ziel-2' stellt ebenfalls ein Programm der EU dar, das verstärkt auf die Förderung der wirtschaftlichen Attraktivität und die Ansiedlung von Unternehmen abzielt. Es werden demnach Investitionen angeregt, welche die Infrastruktur und die gewerbliche Wirtschaft stützen und in der Konsequenz Arbeitsplätze schaffen sollen (Baumgärtner 2009:60). Durch dieses Programm wurde so zum Beispiel auch die Ansiedlung von Musikpark und Popakademie vorangetrieben.

wiesen. Diese Lärmtoleranz scheint im Jungbusch aktuell gegeben zu sein. Eben fraglich scheint nur, wie lange noch.

An dieser Stelle sei weiterführend auf den im *Kapitel 8.3. „Nawal"* diskutierten Umgang mit Lärm im Feld verwiesen.

4.3.2 Symbolische Gentrifizierung nach Barbara Lang

Barbara Lang arbeitet in ihrer Ethnographie des Berliner Stadtteils Kreuzberg eine weitere Facette des Gentrifizierungsprozesses heraus. Durch die Beobachtung der für ihren Fall relevanten medialen Berichterstattung erkennt sie das Phänomen, dass die soziale und wirtschaftliche Transformation eines Stadtteils noch vor der eigentlich stattfindenden Veränderung von den Medien als solche dargestellt wird. Dadurch werden mögliche Entwicklungen im Vorfeld als bereits gegeben wahrgenommen, bevor sie tatsächlich stattgefunden haben . Sie beschreibt:

> „Die Texte und Bilder von Kreuzberg geben damit in ihrer Darstellung nicht einfach Wirklichkeit – auch nicht eine subjektive und sozial konstruierte Wirklichkeit – wieder, vielmehr greifen sie der zu erwartenden Entwicklung vor. (...) Die architektonische Aufwertung und die ökonomische Umnutzung Kreuzbergs wird durch medial gefertigte Images, Bilder und Repräsentationen weniger beschrieben als vielmehr herbeigeschrieben. Den Projektionen und Diskursen kommt offenbar eine tragende Rolle innerhalb der Gentrifizierungsprozesse zu, weil sie mit Erwartungshaltungen und Wünschen spielen und so die betreffenden Stadtteile diskursiv für Gentrifizierungsprozesse vorbereiten, indem diese einer interessierten Klientel schmackhaft gemacht werden" (Lang 1998:89).

Die mediale Negativ-Darstellung Kreuzbergs als „Ort des Anderen" vor 1989 machte die „inflationäre Rede" von der Transformation des Stadtteils erst möglich. „Das prominente Vorher trug im Keim den Diskurs über ein ebenso drastisches Nachher bereits in sich" (Lang 1998:173). Diese Beobachtung verdeutlicht, dass das *Branding* (Greenberg 2008: 35, Evans 2006:206) einer Stadt oder eines Stadtteils entscheidend von seiner medialen Inszenierung abhängt, was wiederum Parallelen in Bezug auf den Jungbusch eröffnet.

Der von Lang in Kreuzberg beobachtete Umschwung der medialen Darstellung und Rhetorik eröffnet auch hinsichtlich historischen Entwicklungen Parallelen zum Jungbusch. Bis in die neunziger Jahre als Rotlichtviertel und ‚*No go Area*' wahrgenommen, war er zudem als Hafenviertel stets gesellschaftlich verschrien und galt als gefährlich (Baumgärtner 2009b:59; Keim1995:77). Wie die Filsbach wurde auch der Jungbusch offiziell zum sozialen Brennpunkt erklärt und als solcher auch medial dargestellt.

Die mediale Inszenierung des seit 2003 stattfindenden Strukturwandels assoziiert den Jungbusch vor allem mit Akteuren wie der *Popakademie Baden-Württemberg*, dem *Musikpark Mannheim* und dem neuentstehenden Kreativwirtschaftszentrum der Stadt Mannheim. Ebenso mit den hier stattfindenden Events wie

dem „Nachtwandel", „Pop im Hafen", „Mannheim Mitten in der Nacht" und den in der Kneipenszene stattfindenden Konzerten. Besonders die verschiedenen Ausgeh- und Veranstaltungsmöglichkeiten bieten Journalisten die Möglichkeit, den Jungbusch als In- oder Trend-Viertel darzustellen. Die als sozial prekär ausgewiesene Situation vieler Bewohner im Stadtteil wird im Gegenzug übergangen. Diese medial inszenierte *Trendification* lässt daher politisch und sozial Engagierte des Quartiers kritisch auf die Leuchttürme des Strukturwandels und deren Betätigungsfelder blicken. Die durch die Medien erzeugte Außenwahrnehmung ist somit ein entscheidender Auslöser für den stadtteilinternen Diskurs um die Nutzung von Raum, wie im anschließenden Kapitel erörtert wird.
Ein Informant gibt hierzu an:

> „Die Diskussion hat sich verschoben. Ausgehviertel ist der Jungbusch besonders in den Medien, wo politische Zielsetzung zur Gegenwartswahrnehmung wird." (Experteninterview)

So schreibt der *Mannheimer Morgen* am 11.12.2009 exemplarisch unter dem Titel „Vom Kiez zum alternativen Szeneviertel": „Der Jungbusch gilt als Szeneviertel. Hier lebt das kreative, künstlerische Mannheim, reihen sich immer mehr Kneipen, Bars und Musikclubs aneinander [...]." Es bleibt demnach festzuhalten, dass sich eine medial inszenierte „symbolische Gentrifizierung" in Ansätzen auch im Jungbusch erkennen lässt und Folgen für die stadtteilinternen Diskussionen beinhaltet.

Über die beiden Begriffsstrategien „simulierte"- und „symbolische Gentrifizierung" wird deutlich: die spezifischen Verläufe und Abfolgen des Gentrifizierungsprozesses sind in den wenigsten Fällen prototypisch. Wie schnell und auf welchem Wege es zu einem Bevölkerungsaustausch kommt, ist im konkreten Fall von unterschiedlichen *Push*-Faktoren abhängig.

4.4 Der Kampf um Raum in den Quartieren Jungbusch und Filsbach

Wie in den vorangestellten Kapiteln angerissen, herrscht in den Quartieren Jungbusch und Filsbach ein Ringen um die Nutzung von Raum, der im Jungbusch sicherlich ein größeres Konfliktpotential besitzt. Dies liegt – wie eingangs beschrieben – daran, dass der Strukturwandel samt seiner medialen Inszenierung drastischere Veränderungen auch in der Wahrnehmung erzeugte, was eine intensive gesellschaftliche Diskussion bewirkte. Verkürzt dargestellt existiert im Feld ein Zielkonflikt hinsichtlich der Nutzung von Raum. Wirtschaftliche Nutzbarmachungen konkurrieren mit der Nutzung als Wohnraum.

In der Filsbach verursacht die starke gewerbliche Nutzung von Einzelhandel und Gastronomie sowie der mit ihr verbundene Lärm durch Verkehr und Konsumenten eine Minderung der Wohnqualität. Das sich für die Bewohner daraus ergebende Konfliktpotential ist jedoch als gering einzustufen, da man sich innerhalb der Quadrate, also innerhalb des Stadtzentrums, befindet. Die Toleranzschwelle der hier lebenden Anwohner ist im Bezug auf Lautstärke und Verkehr hoch. Als Vorzüge gelten demgegenüber die gute Nahverkehrsanbindung sowie die guten Einkaufsmöglichkeiten. Diese Vorteile wirken gerade für junge Bewohner, beispielsweise Studenten ohne Auto, neben dem geringen Mietpreis entschädigend. Das niedrige Konfliktpotential kann jedoch auch darüber erklärt werden, dass die Bewohnerschaft in diesem Distrikt keine ortsansässige Interessensvertretung besitzt, die etwaigen Forderungen Nachdruck verleihen könnte. Ein Gemeinschaftszentrum, das sich um die Belange der Anwohner kümmert und diese nach außen kommuniziert, wie es etwa im Jungbusch existiert, fehlt.

Das oben erwähnte, größere Konfliktpotential im Jungbusch lässt sich durch folgende Umstände erläutern: Strukturwandelungsmaßnahmen, unter denen der postindustrielle Wandel im Quartier vollzogen werden soll, beabsichtigen den Jungbusch zu einem Zentrum für Selbstständige der Kreativwirtschaften, allem voran Musiker, zu transformieren. Für die Ansiedlung von Selbständigen aus den Kreativwirtschaften[14] spielt unter anderem die hiesige Gastronomie und die Belebtheit des öffentlichen Raumes eine wichtige Rolle. Sebastian Dresel, Beauftragter für Kultur- und Kreativwirtschaften der Stadt Mannheim, begründet dies wie folgt:

> „Standortfaktoren für Kreativwirtschaft sind nicht reine Immobilienfragen, das merken wir in anderen Zusammenhängen, wo häufig erstmal klischeehaft gedacht wird: ‚die brauchen es ganz extrem billig'. Was dann an anderen Punkten interessanterweise auftaucht, ist, dass es um den Preis gar nicht so geht, sondern eher um Atmosphäre[...] Ich zitiere da einen Graphikunternehmer der sagt, er will sich inspirieren lassen! Und das ist kein Hippiegetue. Das ist nicht dieses Klischee von: Leute warten auf Inspiration und bis sie die Muse küsst, sondern er braucht das in seiner Mittagspause. Er will nicht in seinem Industriegebiet, wo er jetzt ist, ewig an die selbe Currywurstbude gehen, sondern er möchte sich in seiner Mittagspause mit Leuten austauschen, und das ist wichtig für seine Arbeit."

Die Aussage macht deutlich, dass die Atmosphäre eines Gebiets – im Sinne „der über Wahrnehmung realisierten Außenwirkung sozialer Güter und Menschen in ihrer räumlichen (An)Ordnung" (Löw 2001:272) – für die Ansiedlung der Kreativwirtschaft wichtig ist. Im speziellen Fall meint dies die Belebung des öffentlichen Raums (unter anderem durch Menschen mit geteilten Lebensstilen) sowie ein auf Freizeitnutzung ausgerichtetes Angebot.

Die Präsenz einer studentischen Subkultur und Selbstständigen der Kreativwirtschaften mit unkonventionellen Arbeitszeiten und Lebensstilen, die in ihrer Freizeit verstärkt Ausgehmöglichkeiten in Anspruch nehmen, erzeugt Diskussionen und Spannungen mit Anwohnern und deren Interessensvertretung (Gemeinschaftszent-

---

14 Dresel, umreist den Begriff „Kreativwirtschaften" wie folgt: „Kreativwirtschaften beschreiben ideenbasierte Arbeitswelten. [...] [Sie] sind immer individuengeprägt, und sie sind geprägt von einem sehr, sehr engen Verhältnis von Arbeitswelt und Lebenswelt." Der Begriff leitet sich aus dem englischen *Creative Industies* ab.

rum Jungbusch) über die Nutzung des öffentlichen Raumes in den Abend- und Nachtstunden sowie den dadurch verursachten Lärm. Die Ausdehnung der hiesigen Kneipenszene in Jungbusch- und Hafenstraße, die durch den Strukturwandel direkt und indirekt gefördert wird, profitierte bis zum jetzigen Zeitpunkt vom Status des Jungbuschs als „Durchgangsviertel". Der Jungbusch beherbergt vor allem eine soziale Unterschicht, die nach sozialem Aufstieg strebt. Der Begriff „Durchgangsviertel" meint dahingehend, dass bis zum jetzigen Zeitpunkt nur wenige Anwohner mit Kindern einen mittel- bis langfristige Verbleib im Quartier anstreben, wobei die Migranten hier eine Ausnahme bilden können. Ein gelungener sozialer Aufstieg führt meist zum Umzug in eine bessere Wohngegend. Bei Migranten hingegen, die von den ansässigen Netzwerken ihrer *Communities* sehr stark profitieren, trifft die Annahme zu, dass „Lokalität immer Einfluss auf die Bildung von Sozialkapital" [nehmen kann] (Janßen/Polat 2006:5). Aus der Partizipation an migrantischen Netzwerken können somit wirtschaftliche Vorteile erwachsen, die diese Menschen an den Ort binden. Es kann also von bindendem Sozialkapital gesprochen werden, nicht zuletzt, da die Netzwerke dieser *Communities* auf Grund von Sprache und Vertrauen wenig Kontakt zu anderen Gruppen ausbilden.

Für die Gruppe der Studenten, Kunst- und Kulturschaffende sowie der Alternativen ist in der Regel jedoch – ob bewusst oder unbewusst entschieden – klar, dass sie nur während eines gewissen Lebensabschnitts im Jungbusch wohnen werden. Die Folge ist eine verhältnismäßig hohe Fluktuation innerhalb der Bewohnerschaft.

Die von Anwohnern und ihrer Interessenvertretung, dem Gemeinschaftszentrum, angestrebte Aufwertung zielt auf eine Steigerung der Attraktivität des Wohnraums ab. Ihr Anliegen ist es daher, den Jungbusch als Raum zu etablieren, der zukünftig junge Familien im Stadtteil hält und neue anzieht.[15] Nach Aussagen des Quartiersmanagers Michael Scheuermann hat in jüngerer Zeit eine neue Bewohnergruppe im Raum Jungbusch Einzug gehalten. Welche er (vorsichtig) wie folgt beschreibt:

> „[es gibt] auch einen neuen Zuzug [an Leuten], die sich schon auch mit bürgerlichen Werten und Normen auseinandersetzen, die ein höheres Bildungsniveau haben, ökonomisch stärker sind. Sie finden den Stadtteil interessant, sind aber von ihren Ansprüchen eher bürgerlich geprägt."

Diese Gruppe sei zwar nicht groß, Scheuermann schätzt sie auf eine zahlenmäßige Stärke von „unter 100", „[...] aber im Gegensatz zu der Gruppe mit Migrationshintergrund gut organisiert, artikulationsfähig und dadurch auch in der Lage, sich ent-

---

15 an dieser Stelle gilt jedoch zu bedenken: Die Bewohnerschaft des Jungbusch ist demographisch betrachtet unhomogen und von diversen migrantischen Subkulturen aus 80 Ländern geprägt. Demnach ist auch die Gruppe der „jungen Familien" hinsichtlich ihrer Lebensstile und Wertesysteme in sich sehr heterogen. Beispielsweise ist bezogen auf den Jungbusch die Lärmtoleranz vieler türkischer Familien höher einzustufen, als die von Familien des bürgerlich deutschen Lagers.

sprechend Gehör zu verschaffen." Obwohl diese Gruppe aktuell im Verhältnis eher klein ist, meint Scheuermann jedoch eine Entwicklungsdynamik, also einen aufkommenden Trend hinsichtlich der Zuzugsentwicklung erkennen zu können.

Es stehen sich folglich zwei Positionen gegenüber: Einerseits wird von städtischer Seite versucht, die infrastrukturellen Gegebenheiten für Selbständige aus den Kreativwirtschaften zu verbessern und die ansässige Gastronomie zu stabilisieren und auszubauen, um das Freizeitangebot für Ausgehpublikum und ansässige Unternehmer, insbesondere in den Abend und Nachtstunden, attraktiver zu gestalten. Die Belebtheit des öffentlichen Raumes und die multi-kulturelle Atmosphäre werden hierbei als positiv empfunden. Eine Nachhaltige Aufwertung des Stadtteils soll demnach über eine wirtschaftliche Belebung stattfinden. Die andere Seite ist bestrebt, den Wohnraum Jungbusch attraktiver werden zu lassen, in dem die Familienfreundlichkeit des Quartiers gesteigert und auf die sozialen Belange der Bewohner Rücksicht genommen wird. Diese beiden Positionen erzeugen Konfliktpotential hinsichtlich der zweckrationalen und normativen Entwicklung des Jungbusch. Ein Bericht des *Mannheimer Morgen* vom 9.7.2010 illustriert dies anschaulich:

> „[...]Lärm von Kneipen. In der Jungbuschstraße hat sich eine attraktive Kneipenszene entwickelt. Doch Anwohner beschweren sich über den Lärm der Gäste vor den Kneipen. „Einige Familien sind schon weggezogen", berichtet Hermann Rütermann. Der Inhaber des ‚cafga', Grünen Stadtrat Gerhard Fontagnier, erklärte, durch das Ausgehviertel wollten die Gastwirte den Stadtteil bereichern und nicht die Anwohner verärgern[...]"

Ein weiteres Beispiel, an welchem sich Diskussionen abarbeiten, ist das neu entstehende Kreativwirtschaftszentrum (KWZ), welches seit seiner Konzeptionsphase die Gemüter erhitzt. Gebaut werden soll das Zentrum 2014 in der Hafenstraße, direkt neben dem Quartiersplatz. Hierzu sei erneut der *Mannheimer Morgen* zitiert, der am 15.7.2011 über eine Informationsveranstaltung für Stadtteilbewohner berichtet. Am Artikel wird die aufgeladene Atmosphäre zwischen den einzelnen Parteien mit deren unterschiedlichen Standpunkten deutlich:

> „Ende Juli soll der Gemeinderat über den Neubau des Kreativwirtschaftszentrums (KWZ) im Jungbusch entscheiden. In dieser Woche stellten die beiden Bürgermeister Lothar Quast (Bau) und Michael Grötsch (Wirtschaft) die umstrittenen Pläne rund 100 Interessierten und Anwohnern vor Ort vor. Dabei prallten einmal mehr die unterschiedlichen Interessen der Beteiligten aufeinander.
> Während die Vertreter der Stadt vor allem die Wirtschaftlichkeit des 11-Millionen-Projektes im Auge haben und vorgeschriebene Richtlinien für EU-Fördergelder beachten müssen, haben die Bewohner ganz andere Sorgen: Druck durch osteuropäische Zuwanderer, Verwahrlosungstendenzen, Lärm und Müll in den Hinterhöfen bestimmten erneut die ansonsten sachlich geführte Debatte. Während auf der Promenade künftig die Kreativen sich tummeln würden, verkomme das Viertel immer mehr, fürchten die Bürger: "Der Kanal wird zum Aushängeschild und wir werden vertrieben". Wo bleiben die Obdachlosen, wo sind Parkplätze, wo kann man grillen, wo ist der versprochene Spielplatz, wo entstehen Grünflächen? So lauteten einige Fragen. "Bäume, Wege, Parkplätze - das sind die Aspekte, die uns hier im Stadtteil interessieren", brachte es eine Bewohnerin auf den Punkt und fügte hinzu: "Alles würde nicht so kontrovers

diskutiert, wenn man mit der gleichen Energie auch etwas für die armen Menschen machen würde". Wirtschaft fördern - schön und gut. "Doch die Menschen müssen sie hier mitfördern", so der Appell an die Adresse des Rathauses.[...]"

Die finanzielle Asymmetrie der Mittel, die sich in hohen Investitionen auf Seiten der wirtschaftlichen Förderung des Standorts zeigt, erzeugt Unmut bei den sozial Engagierten im Feld. Die Förderer der Kreativwirtschaft, so wie die Kreativen selbst, werden meinen Beobachtungen zufolge von dieser Gruppe zunehmend als Aggressoren wahrgenommen. Ein erwähnenswerter Zusatz hinsichtlich der angeführten Informationsveranstaltung ist jedoch, dass hier nur sehr vereinzelt Studenten und Selbstständige aus der Kreativwirtschaftsszene des Jungbusch – für welche der Komplex ja letztlich gebaut wird – anwesend waren. Es erscheint insgesamt als auffällig, dass in den zivilgesellschaftlichen Foren des Stadtteils meist nur Repräsentanten der kreativwirtschaftlichen Institutionen anwesend sind. Die Partizipation der Unternehmer und Studenten selbst ist im Verhältnis zur Anwesenheit der Bewohner-Seite eher gering. An dieser Stelle soll an die von Lang aufgeführten Wertewelten von *Startern* und *Gentrifirer* hinsichtlich ihres politischen Bewusstseins und ihrer sozialen Verantwortung erinnert werden. Im Falle Jungbusch tut sich diesbezüglich folgende Beobachtung auf: es ist zu erkennen, dass die Charakteristiken „Bescheidenheit, politisches Bewusstsein und soziale Verantwortung" auf die Mehrheit der Gruppe der neu hinzugezogenen Geringverdiener, wie Studenten und junge Selbstständige, nicht unbedingt zutreffend sind. Dies äußert sich exemplarisch über die zurückhaltende Partizipation an zivilgesellschaftlichen Veranstaltungen. Entsprechend ihres geringen ökonomischen Kapitals können ihnen die Charakteristiken der Wertewelt der *Gentrifier* – „Konsumfreudigkeit, Karriere und Wohlstand" – jedoch auch nur teilweise zugeschrieben werden. Geht man davon aus, dass das mangelnde ökonomische Kapital das Einzige ist, was diese Gruppe daran hindert, diese Wertewelt in die soziale Praxis umzusetzen, könnte man sie auch als angehende *Young Urban Professionals* beschreiben – *Yupis* ohne Geld.

4.5 Wer wertet hier eigentlich auf?

Sowohl im Jungbusch, als auch in der Filsbach lassen sich mit Blick auf die vergangenen zehn Jahre Aufwertungsprozesse feststellen. Wer diese initiiert hat und worüber sich diese Aufwertungsprozesse offenbaren, muss für beide Quartiere separat beantwortet werden, da sie in unterschiedlicher Weise gewerblich genutzt werden und die jeweilige Wohnsituation in den Stadtteilen variiert.

Ich vertrete in dieser Arbeit die These, dass nur diejenigen Akteure, die einen Verbleib im Raum anstreben, eine nachhaltige Aufwertung vorantreiben. Dies bezieht sich sowohl auf Akteure, die einer wirtschaftlichen Tätigkeit nachgehen, als auch auf Bewohner. Werten in der Filsbach vor allem migrantische Unternehmen durch Privatinvestitionen den Raum auf, so wird die Aufwertung im Jungbusch durch öffentliche Fördermittel initiiert.

Meiner Annahme zufolge, erzeugen insbesondere migrantische Unternehmen und die Besitzer der hiesigen Immobilien eine Aufwertung in der Filsbach. Sie reinvestieren hier private, aus der florierenden Wirtschaftslage des Gebiets resultierende, Gewinne. Diese Aufwertung erfolgte über die letzten Jahre kontinuierlich und stetig. Sie ist daher als gelungene *bottum-up*-Entwicklung anzusehen, von der Unternehmen und Bewohner hinsichtlich der ökonomischen Wahrnehmung des Quartiers profitieren.

Eine Topographie der Gewerbestruktur der Filsbach, die sich an Hand der von mir erhobenen Daten ableitet und in *Kapitel 6.8.1.* vorgestellt wird, verdeutlicht diese Annahme.

Die Aufwertungsprozesse im Quartier Jungbusch sind hingegen auf die angesprochenen Strukturwandlungsprogramme ‚URBAN II' und ‚Ziel-2' zurückzuführen. Die Ansiedlung der Hochschule *Popakademie Baden-Württemberg* und des Existenzgründerzentrums *Musikpark Mannheim* wie auch die Aussichten auf subventionierte Immobiliensanierung waren hier entscheidende Impulse für die beobachtbaren Transformationsprozesse. In der Konsequenz erfolgte dadurch eine Ausdehnung der Kneipenszene, was eine veränderte Nutzung des öffentlichen Raums bewirkte.

Aufwertungsprozesse verlaufen hier im Gegensatz zur Filsbach *top-down*, was davon ausgehend andere Herausforderungen für eine nachhaltige Aufwertung darstellt. So müssen beispielsweise die 60 Unternehmen aus musikorientierten kreativwirtschaftlichen Bereichen, die aktuell im Existenzgründungszentrum *Musikpark* angesiedelt sind, das subventionierte Gebäude nach dem Ablauf ihrer Gründungsphase verlassen. Diese Phase ist auf fünf Jahre (in Einzelfällen auch auf sieben Jahre) festgelegt. Die Unternehmer sind demnach gezwungen nach einer erfolgreichen Gründung umzusiedeln.

> „Bislang ist zu beobachten, dass Firmen, denen die Existenzgründung gelungen ist, sich nicht im Gebiet Jungbusch niederlassen, sondern prestige-trächtigere und kundenfreundlichere Orte für ihre Gewerbeflächen bevorzugen" (Experteninterview).

Diese Entwicklung entspricht nicht der städtischen Intention, gerade diese Firmen längerfristig im Jungbusch zu halten. Das neuenstehende Kreativwirtschaftszentrum kann demnach als sinnvolle Maßnahme angesehen werden, Firmen nach ihrer Existenzgründungsphase zu einem Verbleib im Jungbusch zu bewegen.

Für den Fall, dass sich diese Unternehmen nach ihrer Gründungsphase im Gebiet Jungbusch ansiedeln, erhoffen sich vor allem die sozial Engagierten des Quartiers eine Entwicklung, die seitens der Modernisierungstheorie als *trickle-down*-Effekt bezeichnet wird. Diesem Prinzip nach sickert Wirtschaftswachstum und Wohlstand mit der Zeit bis in die unteren sozialen Schichten durch (Dongens/Menzel/Paulus 2003:34). Bezogen auf die Ebne des Stadtquartiers und im Speziellen auf die derzeit noch im *Musikpark* ansässigen Unternehmen, könnte sich dieser Effekt beispielsweise in einem gesteigerten Angebot von lokal verorteten Ausbildungsplätzen niederschlagen. Von diesem gesteigerten Angebot würden so gegebenenfalls auch Jugendliche aus dem Jungbusch profitieren. Exemplarisch wird aktuell seitens einiger Bewohnervertreter massiv die Forderung geltend gemacht, die Gastronomie im neuentstehenden KWZ mit einem Betrieb zu besetzten, der Jugendliche aus dem Jungbusch ausbildet, um so eine Einbindung in das Viertel erzielen zu können.

Die Aufwertung der wirtschaftlichen Situation impliziert aber auch positive Auswirkungen für alteingesessene Gewerbetreibende im Jungbusch. Im Quartier verwurzelte Gastronomen wie Saki vom „Rhodos" oder Ingo vom „Blau" sowie der Gemischtwarenhändler in der Jungbuschstraße profitieren bereits aktuell von einer stärkeren Frequentierung und der veränderten ökonomischen Wahrnehmung des Raumes. Im Falle eines Wegzugs von kreativwirtschaftlichen Unternehmen oder gescheiterter Existenzgründungen würde das Quartier hingegen keinerlei Mehrwert aus den städtischen Subvention ziehen. Am Einsetzen oder Ausbleiben des *trickle-down*-Effekts muss sich somit die angebotsorientierte Wirtschaftsförderung der Stadt Mannheim messen lassen. Die grundlegende Voraussetzung ist jedoch zunächst der Verbleib der Unternehmen im Feld.

Welche Faktoren verringern aktuell die Wahrscheinlichkeit eines tatsächlichen Einsetzens dieses *trickle-down*-Effekts? Zunächst einmal sein bislang verzögertes Einsetzen. Alle unmittelbaren Profiteure sind in der jetzigen Phase ausschließlich Gewerbetreibende und Gastronomen, weniger die Bewohner. Bewohner profitieren derzeit lediglich von den niedrigen Mietpreisen, die sie durch eine wirtschaftliche Aufwertung – zu Recht – in Gefahr sehen. An dieser Stelle sei daran erinnert, dass sich dieser niedrige Mietpreis in erster Linie über die marode Infrastruktur und eine soziale Marginalisierung des Quartiers generiert. Dies ist zeitgleich die Ausgangslage für die bereits erörterte Zweischneidigkeit einer Aufwertung, die über eine teilweise Modernisierung des Quartierbildes – etwa durch die Erneuerung von Straßen und Gehwegen oder der Promenade – bereits stattgefunden hat.

In der momentanen Phase lässt sich zudem beobachten, dass die Bereitschaft von zugewanderten Firmen und Institutionen allmählich schwindet, sich mit dem Quartier zu identifizieren bzw. sich gegenüber den Bewohnerinteressen solidarisch zu zeigen. Dies ist das Resultat einer Entwicklung, nach welcher Kreative und Unternehmen seitens der Bewohnerschaft mehr und mehr als Aggressoren wahrgenommen und in öffentlichen Diskussionen auch derart behandelt werden. Diese zugewiesene Rolle führt hinsichtlich der gegenseitigen Wahrnehmungen in eine Abwärtsspirale, die in politischen Grabenkämpfen mündet. Wie hypersensibel man auf beiden Seiten versucht, mit dieser Thematik umzugehen, wurde mir in den Interviews, die ich mit beiden Seiten führte, über eine sehr vorsichtige und wohlüberlegte Rhetorik deutlich. Es erscheint plausibel, dass dieses angespannte Klima keine gute Basis für eine zukünftige Zusammen- und Vermittlungsarbeit darstellt.

Dem gegenüber stehen die vielen theoretischen Chancen, an denen der Effekt ansetzen könnte. So ist zum Beispiel die eher unkonventionelle Nutzung von öffentlichem Raum als positive Komponente zu nennen. Dies kann bezogen auf die Etablierung von Gastronomien, die den öffentlichen Raum nutzen, als förderliche Rahmenbedingung angesehen werden.

Da im Kreativwirtschaftssektor die sogenannten *soft-skills* im Verhältnis zu formal zertifizierten Abschlüssen stärker akzeptiert sind als in anderen Wirtschaftszweigen, könnte dieser Punkt ausbildungssuchenden Jungendlichen aus dem Jungbusch zugute kommen, die in der Regel über keine höheren Schulabschlüsse verfügen. Hinzu kommt, dass nicht wenige Kreativwirtschaftler im Jungbusch selbst Migranten, meist der zweiten Generation sind und ihnen der Weg in die Selbstständigkeit oft auch ohne Universitätsabschluss erfolgreich geglückt ist. Dieser Sachverhalt könnte gleichsam als Vorbildcharakter, wie auch als potentielle Offenheit gegenüber Ausbildungssuchenden gewertet werden.

Die Probleme, die aus der gegenseitigen Wahrnehmung im Quartier heraus entstehen, sind auf ein zwischenparteiliches wie internes Kommunikationsproblem zurückzuführen. Intentionen und mögliche Effekte des Strukturwandels wurden nicht ausreichend vermittelt. Es ist anzunehmen, dass das starke zivilgesellschaftliche Engagement der Bewohner versucht, die finanzielle Asymmetrie zwischen wirtschaftlicher Förderung und Armutsbekämpfung zu kompensieren und hierüber auf das *Agendasetting* der städtischen Subvention Einfluss zu nehmen.

Trotz der Ansiedlung städtischer Leuchtturmprojekte der Kreativwirtschaft sind Armut und das vermehrte Auftreten sozialer Härtefälle im Quartier, bedingt durch seine historische Entwicklung (Keim 1995:44), nach wie vor existent. So erzeugt beispielsweise aktuell die Flut von Migranten aus Ost-Europa massive soziale Probleme und Missstände, mit deren Bewältigung beide Quartiere zu kämpfen haben. Diese demographische Tendenz stellt eine Realität dar, die ebenso prägend ist wie eine gleichzeitig aufkommende *Hippness* des Quartiers. Sie weist uns darauf hin, dass die Situation im Jungbusch von vielen migrantischen Neuankömmlingen mit geringer Finanzstärke immer noch als günstig erachtet wird.

Die vielen, parallel zueinander stattfindenden demographischen Entwicklungen erschweren folglich eine Prognose über die Zukunft des Quartiers und sind Auslöser für die Grabenkämpfe hinsichtlich der Nutzung des öffentlichen Raums. Nicht zuletzt deswegen finden immer häufiger Podiumsdiskussionen und Bürgergespräche über diese Nutzungsfrage statt. Die quartierseigene Zeitung „Buschtrommel" wird dabei genutzt, um Streitfragen aus Akteurssicht zu beleuchten und ein *Agendasetting* zu betreiben. Die beobachtbare, engagierte Diskussionskultur, die meiner Meinung nach als vorbildliche zivilgesellschaftliche Partizipation gewertet werden darf, illustriert die aktuelle Umbruchphase, in der sich der Jungbusch befindet.

5 Methodologische Überlegungen

Vor dem Beginn meiner Analyse möchte ich zunächst Grundzüge und methodische Eigenarten der qualitativen Forschung vorstellen, um hierüber zum Verfahren der *Extended-Case-Method* zu gelangen, an der sich meine Vorgehensweise orientiert. Im Anschluss daran führe ich aus, inwiefern die Voraussetzungen zur Durchführung einer solchen Fallstudie in Bezug auf mein Forschungsanliegen gegeben sind.

5.1 Qualitative Forschung

Qualitative Forschung versteht sich als Alternative und/oder Ergänzung zur etablierten quantitativen, standardisierten und zumeist auf Verfahren der Statistik zurückgreifenden Sozialforschung. Quantitative Erhebungen haben hingegen zum Ziel, einen Sachverhalt in Mengenangaben auszudrücken (Sökefeld 2003:96). So gehören vor allem die Politikwissenschaft und die Soziologie zu den quantitativen Sozialwissenschaften, welche die Erfassung der Wirklichkeit an Hand der abstrahierten Darstellung von Zahlen erforschen. Dabei müssen die zu untersuchenden Merkmale bereits vor der Datenerhebung festgelegt werden (Bergmann 2006:17).

Im Gegensatz dazu lässt sich die Ethnologie in ihrer Forschung vor allem von qualitativen Methoden leiten, um der sozialen Wirklichkeit von Menschen gerechter werden zu können. Zur Erfassung dieser Wirklichkeit müssen die Konstruktionen ihrer Realitäten im Alltag erforscht werden (Schütz 1971:61f). Da diese Konstruktionen von der individuellen Wahrnehmung abhängig sind, lassen sich diese folglich nur schwer über Zahlen abbilden. Qualitative Forschung dient demzufolge einer Datenanreicherung und ist bedingt durch ihr holistisches Ideal kontextorientiert. Im Gegensatz zu quantitativen Ansätzen zeichnet sich das qualitative Forschungsdesign durch eine generelle Offenheit aus. Das bedeutet, dass die Interpretation der empirisch gewonnen Daten zu neuen Auswertungsverfahren führen kann, je nachdem, ob vorangestellte Annahmen bestätigt oder falsifiziert werden. Dadurch besitzen qualitative Studien einen explorativen Charakter (Bergmann 2006:19). Der Zugang zu Thematik und Feld sowie zu den zu untersuchenden Personen und Daten sollte somit möglichst wenige Vorentscheidungen enthalten. Das Wissen, das somit induktiv über die neu gewonnenen Sachverhalte generiert wird, kann zudem zur Entwicklung von Theorien dienen. Diese Vorgehensweise entspricht dem inhaltlichen Grundsatz der *Grounded Theory*, die versucht, Theorien in enger Tuchfühlung zur sozialen Realität zu erarbeiten (Glaser & Strauss 1967).

Die qualitative empirische Forschung baut darauf auf, dass Daten nicht den Status von Objekten besitzen, deren Bedeutung unabhängig vom Forscher real existiert

(Bergmann 2006:22). Diese Annahme verpflichtet den Forscher gegenüber seinen eigenen Ergebnissen, Vorgehensweisen sowie seiner aufgeführten Datenauswahl zu einer erhöhten Reflexivität. In der Konsequenz bedeutet dies eine realismuskritische, konstruktivistische Haltung gegenüber der eigenen Forschung. Diese Haltung entwickelte sich innerhalb der Ethnologie im Zuge von Diskussionen, die in Verbindung mit der *Writing-Culture*-Debatte stehen. Dabei wurde eine rückbezügliche, reflexive Beziehung zwischen den erhobenen Daten und den Untersuchenden thematisiert (Clifford & Marcus 1986). Ausgangspunkt dieses Diskurses ist, dass die Wahrheit, die der Ethnologe konstruiert, keinem genauen Abbild der Realität entspricht, sondern einer „Konstruktion zweiter Ordnung" (Schütz 1971), wie sie im Unterkapitel zu Konstruktivismus bereits erörtert wurde.

5.2 Extended-Case-Method

Ein weiteres entscheidendes Merkmal qualitativer Forschung ist die Einzelfallorientierung, für die repräsentative Stichproben nicht von Belang sind (Lang 1998:183). Aus dieser Herangehensweise entwickelte sich die *Extend-Case-Method (ECM)*, an der sich diese Arbeit orientiert.

Die *ECM* verwendet empirische Daten „nicht allein zur Illustration von Modellen und Idealstrukturen, sondern hat vielmehr die Entwicklung sozialer Konflikte, das Aushandeln individueller Interessen, das Interpretieren und Umgehen von Regeln sowie das Entstehen und Zerbrechen sozialer Beziehungen über eine längere Zeitspanne hinweg zum Inhalt" (Rössler 2003:144). Der Gründervater der *ECM*, Max Gluckmann, ließ sich in seinen Forschungen von juristischen Herangehensweisen und Argumentationen leiten, und so kann auch die *ECM* „im Wesentlichen als eine Methode verstanden werden, die aus der Analyse von Rechts-Fällen (*cases*) heraus entwickelt wurde" (ebd.). Die *ECM* lässt sich also definieren, als die detaillierte Untersuchung spezifischer Ereignisse oder Ereignisketten, aus denen generelle theoretische Prinzipien abgeleitet werden können (Mitchell 1983:192).

Ich orientiere mich in der vorliegenden Arbeit an der *ECM*, da im Zentrum meiner Untersuchungen nicht abstrahierte Strukturen, sondern das alltägliche Handeln konkreter Personen sowie deren Wahrnehmung und Identifikation mit dem Raum Jungbusch/Filsbach stehen. Die *ECM* bietet vor diesem Hintergrund die entsprechenden Voraussetzungen, um ein akteurzentriertes, offenes Forschungsdesign zu verfolgen.

„Ethnologische Fallstudien sind Tiefenanalysen" (Schiffauer2008:16), die sich mit der Lebenskonstruktion der Informanten und ihrer Umwelt qualitativ befassen und so versuchen, das Hervorgebrachte aus dem gegebenen Kontext zu verstehen.

> „Sie greifen Einzelfälle auf und versuchen an ihnen die Komplexität, die den Alltag konstituiert, sichtbar zu machen. Es geht nicht darum, den einen oder anderen Faktor zu isolieren, sondern gerade die Wechselwirkungen von ökonomischen, sozialen, kulturellen und politischen Interessen und Orientierungen zu verdeutlichen" (ebd.).

Durch die Adaption dieser Herangehensweise folge ich dem Beispiel von Autoren wie Schiffauer (1991; 2008), Keim (1995), Tertilt (1996), Baumann (1996), Lang (1998), Blasius (2008) und Baumgärtner (2009), die mit ihren Untersuchungen in „Migranten-Vierteln" und sozial benachteiligten Milieus ebenfalls ethnographische Untersuchungen im Stadtraum durchführen, bei gleichsam anderen Forschungsschwerpunkt.

Die für die Durchsetzung einer solchen Studie notwendigen Vorraussetzungen sind für meine Forschung meines Erachtens gegeben. Ein ausreichend langer Aufenthalt im Feld, mit dem intime Kenntnisse der zu untersuchenden Gemeinschaften und einzelner Subkulturen verbunden sind, ergibt sich darüber, dass ich seit mittlerweile 6 Jahren im Feld wohnhaft bin. Die Studie kann somit im wahrsten Sinne des Wortes als *Anthropology at Home* bezeichnet werden. Diese intime Kenntnis ist notwendig, um Entwicklungen, soziale und wirtschaftliche Positionen sowie Konfliktpotentiale und Konfliktkonstellationen erkennen und ergründen zu können (vgl. Rössler 2003:147).

Durch meine Regie- und Produktionstätigkeiten bei dem Dokumentarfilm „Transnationalmannschaft" ergab sich darüber hinaus eine weitere, tiefgreifende Verbindung zum Raum Jungbusch/Filsbach und den hier lebenden Menschen. Ich machte besonders während der sechsmonatigen Vorproduktions- und Drehzeit gänzlich neue Erfahrungen hinsichtlich informeller Strukturen des Viertels, indem ich pro-aktiv auf Leute zuging und sie zu ihren Einschätzungen und Lebenswelten befragte. Die Fülle an Kontakten zu verschiedenen Informanten und Experten verschaffte mir Einblick in ihre Wissenstiefe über das Feld, mit ihren jeweils unterschiedlich thematischen Schwerpunkten. Die Reflektion ihrer, vor der Kamera und im Zwiegespräch, getätigten Aussagen hinsichtlich der persönlichen Motivation erschienen mir möglich, weil ich die Informanten privat kennenlernte und über den jeweiligen familiären und finanziellen Hintergrund informiert war. Da ich diese Film-Produktionsphasen als eine „Feldforschung *light*" ansehe, werde ich im *Kapitel 7* näher auf sie eingehen.

Von Januar bis April 2009 arbeitete ich zudem als Praktikant des damaligen Beauftragten für Musik- und Popkultur der Stadt Mannheim, Sebastian Dresel, der heute die Stelle des Beauftragten für Kultur und Kreativwirtschaften der Stadt Mannheim besetzt. Dresel kennt die Strukturen und Probleme des Gastgewerbes und der Musikwirtschaft im Raum Jungbusch sehr gut. Während des Praktikum erhielt auch ich Einblicke und Kenntnis über relevante Akteure des örtlichen Musik- und Kreativbereichs und arbeitete bei verschiedenen Projekten mit, die eine Förderung/Subvention der Mannheimer Gegenwartskultur (mit dem Schwerpunkt Musik) zum Ziel hatten. Viele dieser Projekte und Veranstaltungen waren im Raum Jungbusch verortet. Ich erlebte in diesem Zusammenhang die Rolle und Bedeutung von Akteuren wie *Popakademie*, *Musikpark* und ansässigen Gastronomen für den angestrebten Strukturwandel und erhielt Einblick in die resort-spezifischen, städtischen

Förderstrategien und Handlungslogiken. Die während dieser Zeit gesammelten Erfahrungen und Kontakte stellten sich – im Kontext des forcierten Strukturwandels und der Bedeutung des Quartiers Jungbusch für das Musikstadt-*Selflabeling* der Stadt Mannheim – für meine Forschung als äußerst wertvoll heraus. Dresel stand mir zudem nach meiner Praktikumszeit für mehrere Gespräche und Experteninterviews zur Verfügung.

Durch die beschriebenen Tätigkeiten, die in Kombination mit den Erhebungen vor und während der Zeit meiner Magisterarbeit stehen, sehe ich daher wesentliche Voraussetzung für die Durchführung einer ethnologischen Fallstudie als erfüllt an.

Die vorliegende Arbeit analysiert von mir erhobene quantitative wie qualitative Daten. Dabei beziehen sich die quantitativen Daten hier im Speziellen auf die Gewerbestruktur der Filsbach. Die Analyse des Quartiers Jungbusch orientiert sich an den qualitativen Daten sowie meinen Beobachtungen.

Mit dieser Herangehensweise, die einen Vergleich beider Quartiere bewusst vermeidet, wird versucht, den jeweiligen quartiers-immanenten Auffälligkeiten gerecht zu werden. So ist im Jungbusch vor allem die Untersuchung der Identifikation und Rezeption des Raumes von Interesse, wohingegen in der Filsbach die Registrierung des ansässigen Gewerbes und seine räumliche Verdichtung untersucht werden soll. Einige meiner Informanten bat ich zudem, an Hand einer Karte Bereiche zu markieren, welche mit der Nutzung, der Okkupation und der Sicherheit von öffentlichem Raum in Verbindung standen.

Wie im Prolog bereits deutlich wurde, orientiert sich mein Vorgehen zusätzlich an Ansätzen von Walter Benjamins *Flaneur* (1967) und Michel de Certeaus *Walking in the City* (1988). Gerade dieser Ansatz des *walking in the city* gewann in der neueren anthropologischen Stadtforschung mehr und mehr an Bedeutung, *„because of the way that it uses both imagination and technical semiotic analysis to show how everyday life has particular value when it takes place in the gaps of larger power structures"* (Simon 1999:126)

6 Beschreibung des Feldes Jungbusch und Filsbach

Jungbusch und Filsbach sind keine eigenständigen politischen Stadtbezirke, sondern gehören laut Statistik-Stelle der Stadt Mannheim zum Bezirk „Innenstadt/ Jungbusch".

Sie sind demnach nicht als Stadtteile zu bezeichnen, sondern als statistische Bezirke, die als solche im räumlichen Zentrum der Stadt Mannheim verortet sind. Aufgrund ihrer räumlichen Aneinandergrenzung als auch ihrer Parallelen in der Demographie, werden sie selbst von kundigen Mannheimern gedanklich oft zusammengefasst. Beide Bezirke durchliefen im Laufe der letzen Jahre eine Aufwertung, die jedoch mit jeweils unterschiedlichen Entwicklungen und Auswirkungen in Verbindung steht. Die Aufwertungsprozesse in der Filsbach sind aufgrund von stetigen privatwirtschaftlichen Investitionen als *bottom-up* Entwicklung anzusehen, die das Gebiet zu einem exzellenten Standort für den migrantischen Einzelhandel transformierten. Im Fall des Jungbusch ist zu beobachten, dass die aktuell stattfindende Aufwertung auf Strukturwandlungsprogramme mit dem Ziel, das Quartier in ein Zentrum der regionalen Kreativwirtschaften zu verwandeln, zurückzuführen ist. Der damit verbundene demographische Wandel und die stärkere gastronomische Nutzung des Raumes sind daher Folgen einer *top-down* initiierten Aufwertung. Damit unterscheiden sich beide Stadtquartiere, abgesehen von ihrer spezifischen Gewerbsnutzung, durch die Richtungsimpulse der bezirksimmanenten Aufwertung sowie durch ihr wirtschaftliches Entwicklungsniveau. In den folgenden Unterkapiteln wird daher keine vergleichende Studie beider Quartiere vorgenommen. Die quartiersspezifischen Charakteristika werden aufgrund des jeweils unterschiedlichen Entwicklungsniveaus und der unterschiedlichen Art der Aufwertung methodisch anders untersucht.

Im Fokus der Untersuchungen im Gebiet Filsbach stehen die Etablierung und die räumliche Verortung des hiesigen migrantischen Einzelhandels. Diese Fokussierung ist nicht nur im Zusammenhang mit der sozialräumlichen Segregation, sondern insbesondere mit der wirtschaftlichen Vitalität des Quartiers und seinem mittelständischen Gewerbe zu sehen (vgl. Leicht 2005:33). Die Datenerhebung hat diesbezüglich eine quantitative Erfassung des Status-Quo zum Ziel und wird in *Kapitel 6.8.1* vorgenommen.

Der Fokus der Untersuchung im Quartier Jungbusch bezieht sich auf den strukturellen Wandel des ehemaligen Hafenviertels zu einem Zentrum für Kreativwirtschaften und abendlicher Freizeitaktivitäten. Die sozialen und wirtschaftlichen Transformationsprozesse werden in dem vorliegenden Kapitel zwar erläuternd vorgestellt, die unterschiedlichen Rezeptionen des Stadtteils sowie die in ihm stattfindenden Veränderungsprozesse werden jedoch erst in *Kapitel 8* über die exemplarischen Fallstudien besprochen. Damit wähle ich für die Untersuchung des Jungbusch einen anderen methodischen Zugang, der sich über die aktuelle Umbruchphase des Quartiers begründet.

Darüber hinaus gehe ich auf Gemeinsamkeiten hinsichtlich der Demographie und der Historie beider Bezirke ein, um die Zusammenfassung beider Stadtquartiere zu einem Untersuchungsfeld plausibel zu machen. Davon ausgehend untersuche ich meine Annahme, dass die topographisch betrachtete, wirtschaftliche Raumnutzung beider Bezirke eine alternative (imaginäre) Grenze erzeugt.

Ich sehe dabei die Hafen- bzw. die Jungbuschstraße (Jungbusch) als Pol einer Raumnutzung, die durch Kreativwirtschaft und Ausgehkultur bestimmt ist und die „Marktstraße" (Filsbach) als Pol einer Raumnutzung, die durch migrantischen Einzelhandel bestimmt ist. Die statistische Grenze des Luisen-Rings, die Jungbusch und Filsbach voneinander trennt, entspricht demnach nicht jener „imaginären" Grenze, die das Feld über die wirtschaftliche Raumnutzung teilt. Zunächst befasst sich dieses Kapitel jedoch näher mit der räumlichen Verortung der beiden Stadtquartiere.

Abbildung 2: Das Feld [Microsoft Corporation. NAVTEG 2010; eigene Bearbeitung]

6.1 Die räumliche Verortung: Filsbach

Die Filsbach kann nicht als klar abgrenzbares Gebiet gesehen werden. „Filsbach" ist eine Beschreibung des Volksmundes für den statistischen Bezirk der westlichen

Unterstadt oder, je nach Definitionsrahmen, einen bestimmten Teil in diesem Bezirk, dessen Grenzen eher vage gefasst sind (vgl. Keim 1995:56). Der Luisen-Ring bildet formal die nordwestliche Grenze zum Jungbusch. Nora Noe thematisiert in der Anfangssequenz ihres Romans „Zwischen Jungbusch und Filsbach" die unklare Lokalisierung des Gebiets Filsbach. Auf die Frage eines Mannes an seine private Stadtführerin, wo sich die Filsbach denn jetzt eigentlich befände, antwortet diese:

> „Tja, das ist gar nicht so einfach zu erklären, denn es kommt darauf an, wen man fragt. Meine Mutter und viele ältere Leute, die dort gelebt haben, bezeichnen die Quadrate, die direkt an die ‚Schiefe Gass' zwischen H5 und J5 angrenzten, als ‚Filsbach'. Dort soll sich ganz früher mal ein Wassergraben befunden haben, in dem die Handwerker ihre Filze wuschen" (Noe 2010: 9)

Der „Brockhaus Mannheim" (2006) setzt die Filsbach mit dem Gebiet der westlichen Unterstadt gleich, also dem Gebiet zwischen den E- und K-Quadraten. Diese Auffassung, wonach die Filsbach der westlichen Unterstadt entspricht, soll den Untersuchungen dieser Arbeit als Definitionsgrundlage dienen. Die feminine Form „die Bach" weist uns darauf hin, dass die volkstümliche Begriffszuschreibung nicht aus neuester Zeit stammt (vgl. *Mannheimer Morgen* 7.1.1982, S.24). Es stellt sich die Frage, warum der offizielle Name dieses Gebiets (westliche Unterstadt) eher selten benutzt wird. „Die Westliche Unterstadt ist der einzige Stadtteil des Zentrums, der einen volkstümlichen Namen hat – Filsbach" (Keim 1995:45 &56). Die Existenz einer volkstümlichen Bezeichnung ist meiner Meinung nach auf eine erhöhte identitätsstiftende Wirkung des Gebiets für seine Bewohner zurückzuführen. Die Filsbach kann daher im Sinne Appadurais (1990) als „imaginierter Raum" angesehen werden, der räumlich von Fall zu Fall unterschiedlich gefasst und mit unterschiedlichen Vorstellungsbildern assoziiert wird. Die identitätsstiftende Wirkung dieses Raums offenbarte sich mir vor allem in Gesprächen, die ich mit Jugendlichen führte, für die der damit verbundene Kiez-Charakter mehr Bedeutung zu haben scheint, als für Erwachsene. Obwohl ‚Filsbach' eine informelle Zuschreibung ist, ist der Begriff den meisten Mannheimern zumindest bekannt. Die Bezeichnung ‚westliche Unterstadt' spielt daher eigentlich nur auf Stadtverwaltungsebene eine Rolle. Für Nicht-Stadtteilbewohner war der Begriff ‚die Filsbach' historisch betrachtet immer mit Armut, Überbevölkerung, Ausschweifung und Verrufen-sein verbunden (Keim 1995:56). Heute wird der Raum Filsbach in der öffentlichen Wahrnehmung vor allem als ethnisches Gebiet betrachtet und im Wesentlichen mit der türkischen Kultur assoziiert (Baumgärtner 2009:77). Diese Annahme verstärkt sich durch meine Beobachtung, dass viele Mannheimer diesen Raum als ein fremd anmutendes und homogenes Gebilde wahrnehmen, was sich über ethnisch- bzw. national konnotierte Verallgemeinerungen äußert (bspw. „Türken-Viertel", „Dönermeile").

Meine Annahme hingegen ist, dass kein anderer Bezirk der Stadt Mannheim sich durch so eine so hohe innere Diversität auszeichnet, wie die Filsbach[16].

---

16 vgl. hierzu unterstützend: Keim 1995:45

Die Filsbach ist mit 9.607 Bewohnern der bevölkerungsstärkste aller sieben Mannheimer Innenstadtbezirke (Statistikstelle Stadt Mannheim, Stand 31.12.2010). Dies führt uns, angelehnt an die von Wirth aufgestellte Definition von Stadt (Löw 2007:11) dazu, dass das Quartier aufgrund seiner inneren Heterogenität und seiner zahlenmäßigen Masse an Menschen *der* Raum im Gebiet der Stadt Mannheim ist, an dem sich die Charakteristiken von „Stadt" am deutlichsten offenbaren. Es bleibt zu diskutieren, ob die Filsbach damit im Umkehrschluss nicht auch als das eigentliche Zentrum der Stadt Mannheim zu bezeichnen wäre.

6.2 Die räumliche Verortung: Jungbusch

Der Jungbusch wird im Norden durch den Neckar, im Süden und Osten durch den Luisen-Ring begrenzt. Im Westen bildet der Rhein die natürliche Grenze des Quartiers. Damit liegt der Jungbusch im sich geographisch zuspitzenden Bereich der Flüsse Rhein und Neckar. Die im Nord-Westen liegende „Neckarspitz", der Ort an den der Neckar in den Rhein fließt, liegt im angrenzenden Hafen- und Industriegebiet Mühlau, das durch den Verbindungskanal vom Jungbusch getrennt ist. Der Jungbusch ist formal ein statistischer Bezirk und gehört verwaltungspolitisch zum Stadtteil „Innenstadt/Jungbusch". Diese Zuordnung lässt sich auf die räumliche Nähe zur Innenstadt sowie auf eine baugeschichtlich parallele Entwicklung zurückführen (Baumgärtner 2009:78). Der Jungbusch wird in- und außerhalb Mannheims meist jedoch als eigenständiger Stadtteil wahrgenommen. Die mediale Präsenz dieses Ortes ist angesichts seiner geringen Fläche, die sich auf lediglich 15 Straßen verteilt, überproportional hoch.

Durch das Quartier führt die B44. Die Straßenführung zerteilt den Jungbusch und trägt dazu bei, dass der Teil östlich der Dahlbergstraße – mit Schanzenstraße, Seilerstraße und Holzstraße – in einer gefühlten Bedeutungslosigkeit verharrt. Dies äußert sich unter anderem darüber, dass selbst viele Bewohner des Jungbusch diese Straßenzüge nicht mehr als Teil des Quartiers wahrnehmen. In diesem Gebiet des Jungbusch steht auch die Schokoladenfabrik *Schokinag*, deren Präsenz die Wohnqualität des Bezirks dahingehend enorm verringert, als dass sie das Quartier bei ungünstigen Windverhältnissen in eine klebrig-riechende Schokoladen-Duftwolke hüllt. Der vom Mannheimer Stadtmarketing proklamierte Satz, Mannheim rieche nach Schokolade, ist demnach wahren Ursprungs, wenngleich ob der eher unangenehmen Ausprägung des Geruchs stark romantisiert!

6.3 Die Übergangszone zwischen Hafen und Stadt

Der die Grenze zwischen Filsbach und Jungbusch markierende Luisen-Ring „fungierte bis in die 60er Jahre des 20. Jahrhunderts als lebendige Verbindung zwischen den Bewohnern der beidseits des Rings entstandenen repräsentativen Gebäude" (Baumgärtner 2009:79). Dies ergab sich durch den zu jener Zeit vorherrschenden

Charakter des Rings[17] als „Flaniermeile mit tiefen Vorgärten, begrünten breiten Gehwegen und Bäumen" (Der Brockhaus Mannheim 2006:197). Der Luisen-Ring entsprach in seiner damaligen Funktion somit eher einer Brücke zwischen beiden Quartieren, als einer Grenze. Es waren unter anderem die baulichen Ähnlichkeiten sowie eine historische Verbindung, die mich dazu veranlassten, beide Quartiere für diese Arbeit, wie auch für die Produktion des Films „Transnationalmannschaft" als Einheit aufzufassen. Damit greife ich eine Sichtweise auf, nach der beide Quartiere zu Anfang des 20. Jahrhunderts als *eine* „Übergangszone zwischen Stadt und Hafen" (Baumgärtner 2009:80) beschrieben wurden. Die Zeitschrift „Die Lebendige Stadt" beschrieb 1931 diese „Übergangszone" als „die Straßen, die am Nordrand des alten Jungbusch, der sogenannten Filzbach liegen" (Die Lebendige Stadt Jg. 1931/32 nach Baumgärtner 2009:80). Auch diese Formulierung begreift beide Quartiere als Einheit. Ein Artikel des *Mannheimer Morgen* über „Flurnamen in Mannheim" von 1982 lässt eine ähnliche Auffassung vermuten: „Schon im Gründungsjahr 1606/07 versprach der Kurfürst den Bewohnern des Dorfes Mannheim, den jungen Busch' für die Besiedlung roden zu lassen als Ausgleich für das abzutretende Festungsgelände" (Mannheimer Morgen 1.7.1982, S.24). Der Jungbusch umfasste zu jener Zeit große Teile der heutigen Unterstadt (Keim 1995:58). Folglich kann davon ausgegangen werden, dass die Filsbach/westliche Unterstadt damals als Teil des Jungbusch wahrgenommen wurde. Als Einheit werden Jungbusch und Filsbach auch hinsichtlich ihrer Postleitzahl geführt. Die ‚68159' umreißt das Territorium beider Quartiere. Ähnlich verhält es sich mit dem Zuständigkeitsbereich der H4-Polizeiwache, der sich auf das Gebiet Jungbusch/Filsbach beschränkt. Schüler aus dem Jungbusch besuchten noch bis in die achtziger Jahre die in K5 gelegene Johannes-Kepler Grundschule. Überraschender Weise trägt selbst heute noch die in H7 – und damit in der Filsbach – gelegene Sparkasse den Namen ‚Sparkasse-Jungbusch'. Es existieren folglich diverse (historische) Beispiele, die dafür sprechen, beide statistischen Bezirke als Einheit aufzufassen.

Diese Einheit wurde erst im Laufe der siebziger Jahre aufgrund eines gesteigerten Nahverkehrsaufkommens und dem daher notwendigen Ausbau des Luisen-Rings durchbrochen. Der Ring ist seit dieser Zeit die Zu- und Abfahrt für die über den Rhein führende Kurt-Schuhmacher-Brücke. Über diese Brücke, den Luisen-Ring, die Dahlbergstraße und weiterführend die Jungbuschbrücke verläuft die Bundesstraße 44. Diese stark befahrene Bundesstraße zwingt den Jungbusch seitdem in eine räumliche Isolation zwischen ihr und dem Verbindungskanal. Der Luisen-Ring, der an der Ecke Jungbuschstraße siebenspurig verläuft, entwickelte sich so zu einer massiven Barriere, die für Fußgänger und Fahrradfahrer nur mit Vorsicht zu überqueren ist und nichts mehr von seinem damaligen Brücken-Charakter widerspiegelt. Diese infrastrukturelle Veränderung brachte den Einzelhandel in diesem Abschnitt des Rings quasi zum Erliegen und führte im Vorfeld des Ausbaus während der siebziger Jahre,

---

17 Im Folgenden verwende ich die Begriffe Ring und Luisen-Ring synonym zueinander

zu lokalen Protesten (Baumgärtner 2009:83). Einer meiner Informanten beschreibt im Folgenden seine Wahrnehmung des Luisen-Rings:

> „Der Ring ist halt wie ein Burgring. Der trennt die Stadt [Jungbusch] vom Rest der Stadt ab. Und es ist einfach 'ne 5-, 6-, 7- spurige, fucking, Autobahn, die die Stadt da einfach durchfrisst und da musst Du erstmal rüber kommen. Also, es ist 'ne mentale, wie 'ne physische Hürde, die viele Leute nur dann gewillt sind zu überqueren, wenn das Angebot auf der anderen Seite stimmt. Der Ring ist wirklich eine Trennung."

Diese neuentstandene Grenze in Form der B44, die sich über die Dahlbergstraße fortsetzt und so auch das Gebiet Jungbusch zerteilt, führte zu einer räumlichen Isolation des Jungbusch und als Folge zur Trennung der „Übergangszone zwischen Hafen und Innenstadt". Die B44 bedingt nicht nur die räumliche Isolation des Quartiers, sondern bewirkt zusätzliche eine innere Aufspaltung des Jungbusch und lässt in der Konsequenz ein stadträumliches Archipel entstehen.

6.4 Wirtschaftliche Nutzung des Hafens

Die Stadt Mannheim liegt an der Mündung des Neckars in den Rhein. Diese geographische Lage erklärt die hohe Bedeutung des Mannheimer Hafens als Umschlagsplatz für die Binnenschifffahrt. So ist bereits im Jahre 1349, fast 300 Jahre vor Gründung der Stadt Mannheim, eine Rheinzollstation oberhalb des Fischerdorfs Mannheim angelegt. 1831 wird Mannheim, bedingt durch die Rheinschifffahrtskonvention und die günstige Lage am Endpunkt der Rheingroßschifffahrt, zum Handelszentrum und übernimmt die Verteilerfunktion der Güter für Süddeutschland, die Schweiz und Österreich (Keim 1995:52). Der Mannheimer Hafen ist heute nach eigenen Angaben „einer der bedeutendsten Binnenhäfen Europas". Auf seinem Gebiet sind 450 Betriebsstätten angesiedelt, in denen rund 20.000 Menschen beschäftigt sind (www.hafen-mannheim.de). Das große Umschlagvolumen des Hafens wirkt sich zudem auf die Bedeutung des Standorts für den Warentransport zu Land aus. So zählt der Mannheimer Rangierbahnhof mit seiner Fläche von 200ha und 240km Gleisen im bundesdeutschen Vergleich zu einem der größten seiner Art.

Die Nähe zum Hafen erklärt, warum in früherer Zeit viele Hafenarbeiter im Jungbusch wohnten und der Bezirk im Ruf eines Hafenviertels mit all seinen klischeebehafteten Begleiterscheinungen – Prostitution, Kriminalität, Tagelöhnerei – stand. Als in der zweiten Hälfte des 19. Jahrhunderts die gezielte Bebauung des Gebiets Jungbusch begann, war eine Mischnutzung aus Gewerbe und Wohnen für diesen Raum prägend (Baumgärtner 2009:78). Da in der Vergangenheit die Wirtschaft der Stadt Mannheim vor allem von Hafen und Industrie geprägt war, lag der Jungbusch in unmittelbarer Nähe des zentralen Wirtschaftsmotors der Stadt und bildete somit seit seinem Bestehen eine Schnittstelle zwischen Industrie- und Wohnraum.

Heute gehört die Rolle des Jungbusch als Warenumschlagsplatz der Vergangenheit an. Dieser Rollenverlust wurde durch die Schließung der Kaufmannsmühle und der Schiffswerft am Verbindungskanal im Laufe der sechziger Jahre endgültig besiegelt. „Mit der zunehmend geringen Bedeutung des Verbindungskanals für die Schifffahrt und mit der Abwanderung ansässiger Industriebetriebe veränderte sich auch die Bedeutung des Quartiers für die Stadt Mannheim" (Baumgärtner 2009:80/81). Verschiedene Strukturwandlungsprogramme sollen diesen postindustriellen Wandel im Quartier aktuell unterstützen

6.5 Religiöse Einrichtungen

Im Gebiet Jungbusch/Filsbach existieren vier Kirchen, eine Synagoge und drei Moscheen, unter anderem die Yavuz-Sultan-Selim-Moschee, die 1995 fertig gestellt wurde und zum damaligen Zeitpunkt als größte Moschee Deutschlands galt. Sie steht unmittelbar neben der katholischen Liebfrauenkirche, lediglich durch die Seilerstraße getrennt. Der Bau der Moschee verursachte zum damaligen Zeitpunkt viele Diskussionen, in denen unter anderem die Höhe des Minaretts im Vergleich zur Höhe des Kirchturms der Liebfrauenkirche thematisiert wurde. Das Bild, das sich durch die beiden gegenüberliegenden Gebäude ergibt, kann als Sinnbild für die in Deutschland stattfindenden demographischen- und sozialen Veränderungen, hin zu einer auch von Menschen muslimischen Glaubens geprägten Gesellschaft, angesehen werden.

6.6 Kulturraum Jungbusch

Gemessen an seiner Größe und Einwohnerzahl, kann die Bekanntheit des Quartiers Jungbusch auch über die Stadtgrenzen hinaus sicherlich als überproportional hoch bezeichnet werden. Diese Einschätzung lässt sich geschichtlich auf ein mystifiziertes „Schmuddelimage" zurückführen, das sich zu Beginn der Jahrtausendwende in ein Bild umfunktionierte, welches bis heute durch Kreative, alternatives Leben, abendliche Ausgehkultur und ein multi-kulturelles Gepräge bestimmt wird. Entscheidende Impulse für die Außenwirkung dieses neuen Images gehen auf die strukturpolitischen Veränderungen der Förderprogramme ‚Urban II' und ‚Ziel-2' zurück. Diese waren entscheidend für die Ansiedelung von Leuchttürmen wie der *Popakademie Baden-Württemberg* und des Existenzgründerzentrums *Musikpark Mannheim*, deren Strahlkraft weit über Mannheim hinaus wirkt. Sie sind tragende Pfeiler für das nach außen hin betriebene *Selflabeling* Mannheims als Musik-Stadt, das über das sogenannte *Mannheimer-Modell*[18] seine Institutionalisierung findet. Beide Einrichtungen können als zentrale Stützen der Bewerbung Mannheims um den *Unesco*-Titel „Kulturhauptstadt 2020" angesehen werden. Der Zwang zur Inszenierung (*Branding, Selflabeling*)

---

18 „Mannheimer Modell" bezeichnet seit 2003 ein deutschlandweit einzigartiges, städtisches Fördernetzwerk aus Popakademie Baden-Württemberg (Ausbildung), Musikpark Mannheim (Existenzgründerzentrum), Beauftragten für Musik- und Popkultur (Jugend-, Nachwuchs- und Kulturförderung) und Clustermanagement Musikwirtschaft Mannheim & Region (Musik-Wirtschaftsförderung) [Experteninterview]

ist gerade für mittelgroße Städte wie Mannheim notwendig, um sich abseits von Städterankings eine mediale Aufmerksamkeit zu sichern, die im interstädtischen Kampf um Touristen, Investoren, Unternehmen, Steuerzahler und Studenten entscheidend ist (vgl. Habit 2010:139). Zur Steigerung seiner Attraktivität setzt Mannheim hinsichtlich dieser Selbstinszenierung klar auf die Kreativwirtschaften, im Speziellen auf die Musikwirtschaft. Die zugrundeliegende Strategie und die Rolle der „kreativen Klasse" für das Image einer Stadt sind an Überlegungen von Florida (2006) und Pratt (2008) zu *creative industries* angelehnt. In Folge dieser nach außen transportierten Vermarktungsstrategie, gerät auch der Jungbusch als wichtiger Standort für Kreativwirtschaften verstärkt in den medialen Fokus. So beherbergt der Stadtteil seit 2004 die bereits genannten Institutionen *Popakademie Baden-Württemberg* und Existenzgründerzentrum *Musikpark Mannheim,* das Büro des *Beauftragten für Kultur- und Kreativwirtschaften* sowie seit 2010 das *Clustermanagement Musikwirtschaft Mannheim & Region.* Der Bau eines Kreativwirtschaftszentrums bis 2014 ist zudem in abschließender Planung. Ebenso wächst die Ansiedlung von immer mehr Galerien und Ateliers zusehend. Die steigende Dichte an Arbeitsplätzen, Freizeitmöglichkeiten und strategischen Steuerungseinrichtungen des Kultursektors macht den Stadtteil zum räumlichen Epizentrum des angestrebten Imagewechsels der Stadt Mannheim – Der Jungbusch entwickelt sich zu einem Zentrum für Musikkultur.

Der in Gang gesetzte Strukturwandel bewirkte auch eine Ausweitung der Kneipenszene im Raum Jungbusch, welche die neu angezogene Klientel von Musikstudenten, kreativwirtschaftlichen Unternehmern und Ausgehenden in den Abend- und Nachtstunden bewirtet. Flankiert von diversen Großveranstaltungen entwickelte sich der Jungbusch in den letzten Jahren darüber hinaus zu einem Raum, der zunehmend für abendliche und nächtliche Freizeitaktivitäten genutzt wird. Er ist also auch für die „Festivalisierung" (Häusermann/Siebel 1993) der Stadt Mannheim ein entscheidender Standort.

6.7 Migration in Jungbusch und Filsbach

Jungbusch wie Filsbach beherbergten historisch betrachtet schon immer eine soziale Unterschicht (vgl. Probst 2005). Dies erklärt sich bis zu den Anfängen des zwanzigsten Jahrhunderts über die (weite) Entfernung zum Schloss und über die Verortung von Unterstadt und Jungbusch im Überschwemmungsbereich des Neckars (Keim 1995:51). Erst mit der Begradigung des Rheins von 1827 bis 1867 und Neckars von 1866 bis 1871 endete diese ständige Überschwemmungsgefahr. Je nach konsultierter Quelle wird der Jungbusch in seinen Anfängen jedoch auch als Ort bezeichnet, an dem wohlhabende Bürger, Reeder und Händler wohnten (Baumgärtner 2009:83).

Mit Anbeginn der Gastarbeiterzeit ziehen mehr und mehr Ausländer in das Gebiet mit verhältnismäßig niedrigen Mietpreisen. Aufgrund des wirtschaftlichen Aufschwungs der Nachkriegszeit und dem daraufhin eingeleiteten Anwerbabkommen zwischen Deutschland, Italien und Griechenland im Jahre 1955, kommen zunächst

Italiener und Griechen in die Stadtquartiere. Bereits in den sechziger Jahren beginnen viele Migranten Immobilien im Bereich Filsbach zu kaufen und sie an ihre Landsleute zu vermieten (Keim 1995:83). Diese Praxis führte zu einer zunehmenden Verdichtung von migrantischen Bewohnern im Quartier. Schon damals lässt sich ein Phänomen erkennen, wie es auch aktuell im Jungbusch noch zu beobachten ist: Es wird vereinzelt nicht Wohnungs- sondern Bettenweise vermietet (ebd.). Diese Praxis begünstigt soziale Missstände, indem sie zu einer Übervölkerung von Wohnungen, Häusern und Stadtteilen führt.

Eine weitere Migrations-Welle Anfang der achtziger Jahre bringt zusätzliche Migranten nach Mannheim, die meisten unter ihnen sind Türken (Stockert 2011), die erneut verstärkt in den Jungbusch und die Filsbach ziehen. In daran anschließenden Migrations-Bewegungen erkennt man, wie Verwandte und Bekannte dieser Einwanderer ebenfalls ihren Weg in die Stadtquartiere finden. Diese Kettenmigration führt dazu, dass sich auch heute noch ein Großteil der Italiener, Türken und Bulgaren im Jungbusch auf ein paar einzelne Dörfer im alten Heimatland zurückverfolgen lässt. So sind es nicht einfach Italiener, die im Jungbusch wohnen, sondern Italiener der sizilianischen Provinz Agricento, von denen wiederum viele dem Dorf Palma di Montechiaro zuzuordnen sind. Im Zuge der 2. EU-Osterweiterung 2007 immigriert eine Welle von Bulgaren in die Stadtquartiere. Der Quartiersmanager Michael Scheuermann benennt ihre zahlenmäßige Stärke im Jungbusch aktuell mit ca. 400 bis 600. Von ihnen lassen sich die meisten den Städten Dobrich und Pavlikeni zuordnen.[19]

Bei den türkischen Jungbusch-Zuwanderern ist die Situation deutlich komplexer. Hier lassen sich nur schwer einzelne Städte finden, die Hauptausgangspunkt der Migrations-Bewegung waren. Die Türken im Jungbusch kommen aus vielen verschiedenen Provinzen ihres Herkunftslandes. Auch eine verhältnismäßig große Anzahl von Sinti und Roma wohnt seit Anfang der neunziger Jahre im Jungbusch.

Die Präsenz dieser nationalen *Communities* zeigt sich nicht nur über Menschen-Grüppchenbildung auf den Straßen und in den Schulen, sondern auch über die Präsenz zahlreicher Kulturvereine, Cafés und Kneipen, die nicht selten den Namen des alten Heimatdorfes tragen. Sie stellen die institutionalisierten Treffpunkte der jeweiligen nationalen *Communities* und Netzwerke dar – genauer gesagt, den Männer dieser *Communities*. Diese Orte lassen sich durch ihre klare *In-Group* als wenig offen bezeichnen und bilden daher vor allem bindendes Sozialkapital aus.

Zwar sieht man, entgegen der Aussage Esther Baumgärtners (Baumgärtner 2009:13), auch viele Frauen im Jungbusch, doch sind diese vor allem auf Spielplätzen und dem öffentlichen Raum, seltener bis nie im gastgewerblichen Raum anzutreffen[20]. Diese Beobachtung erklärt sich neben traditionellen Rollenbildern auch über die Tatsache, dass für die in Deutschland lebenden Türken ein klarer Männer-

---

19 ebenfalls auf den Aussagen des Quartiersmanagers Michael Scheuermann beruhend.
20 Aussage bezieht sich auf das Gastgewerbe im Jungbusch

überschuss zu verzeichnen ist (Leicht 2005:41). Anders verhält sich es sich mit Frauen, die der Gruppe der Studenten, der Kreativschaffenden oder der alternativen Linken Szene zuzuordnen sind. Sie sind in den Kneipen und an ausgewählten Plätzen des öffentlichen Raums ebenso präsent, wie Männer. Generell ist laut dem Quartiersmanager Michael Scheuermann eine von ihm als „Entmischung" bezeichnete Tendenz für den öffentlichen Raum zu erkennen. Diese Aussage deckt sich mit meiner Beobachtung und meint, dass öffentliche Plätze im Jungbusch jeweils von bestimmten Gruppen okkupiert werden. So geht aus meinen Beobachtungen hervor, dass beispielsweise der Steg am Verbindungskanal auf Höhe der Popakademie als Raum gilt, an dem sich vornehmlich Studenten aufhalten. In der verkehrsberuhigten Beilstraße und dem angrenzenden Spielplatz halten sich vor allem Roma und Türken auf, die schon länger im Jungbusch wohnhaft sind. Der Quartiersplatz sowie der diesen tangierende Teil der sogenannten „Promenade", werden aktuell vornehmlich von Bulgaren und Obdachlosen frequentiert.

Die Quote der in Mannheim lebenden Menschen mit Migrationshintergrund liegt bei aktuell ca. 38,1% (Statistikstelle der Stadt Mannheim, Stand 31.12.2010). Im Vergleich dazu haben allein im Jungbusch ca. 67,3% der ansässigen Bevölkerung einen Migrationshintergrund (Statistikstelle der Stadt Mannheim, Stand 31.12.2010).

Im Vergleich zu anderen Stadtgebieten sind Griechen, Türken, Staatsbürger des ehemaligen Jugoslawiens und Italiener hier überrepräsentiert (Horn/Lukhaup/Swiaczny 1999). Aktuell liegt sicher auch die Anzahl der bulgarischen Migranten im Stadtvergleich weit über Durchschnitt. Der statistische Bereich „Westliche Unterstadt" weißt mit 66,7% Bewohnern mit Migrationshintergrund eine Quote auf, die nur knapp unter dem Wert des Jungbusch liegt. Diese Quote hat sich über die Jahre jedoch stetig erhöht. Waren 1976 noch 36% der Bewohner der westlichen Unterstadt als Ausländer einzustufen, sind es 1980 bereits 42% (Keim 1995:84). Zwar ist die räumliche Fläche der Filsbach nur unwesentlich größer als die des Jungbusch, doch mit 9.607 Bewohnern weist dieses Quartier zahlenmäßig so viele Menschen auf, wie kein anderer Teil der Mannheimer Innenstadt (Statistikstelle der Stadt Mannheim, Stand 31.12.2010). Von ihnen sind 14% jünger als 18 Jahre, was ebenfalls dem höchsten Wert im Bereich Innenstadt/Jungbusch entspricht. Diese Zahlen lassen vermuten, dass in der Filsbach viele kinderreiche Familien auf engem Raum zusammenleben.

6.8 Die wirtschaftliche Nutzung der Filsbach

Die Zahl türkischstämmiger Selbständiger verteilt sich sehr ungleichgewichtig auf das Mannheimer Stadtgebiet: Die türkische Ökonomie konzentriert sich stark auf die Innenstadt und den Jungbusch. Fast die Hälfte (48%) aller türkischen Betriebe entfällt auf die Innenstadt und dabei vor allem auf die westliche Unterstadt (Leicht 2005:50).

Kein anderer Bezirk in der Metropolregion Rhein-Neckar kann als *der* Ort angesehen werden, an dem Migranten, insbesondere Türken, ein so vielfältiges Verkaufsangebot vorfinden wie in der Filsbach.

Der Bereich „Marktstraße", wie auch die sogenannte „Dönermeile" – die Straße zwischen den G- und H-Quadraten – weisen hinsichtlich der von Selbstständigen betriebenen Geschäfte und Unternehmen ein Angebot auf, das insbesondere auf die Bedürfnisse einer migrantischen Klientel ausgerichtet ist. Der Spaziergang des *Flaneurs* durch die „Marktstraße" erinnert uns an die beschriebene Vielzahl von meist türkisch betriebenen Döner-Restaurants, Barbieren, Supermärkten und kleineren Import-Export-Geschäften.

Ein auffallend häufig vertretener Fachhandel ist das Brautmodengeschäft. Meine Untersuchungen ergaben, dass in der westlichen Unterstadt zehn Einzelhändler existieren, die die Nachfrage nach Hochzeitsbedarf bedienen. All diese Einzelhändler sind in den fußgängerzonenahen Quadrat-Abschnitten „1" bis „4" des Gebiets der westlichen Unterstadt verortet.[21] Hierüber ergibt sich eine augenscheinliche Verdichtung dieses Fachhandels.

Die Ausrichtung auf eine türkische Klientel verdeutlicht sich am spezifischen Stil der ausgestellten Kleider, an deren Bewerbung in türkischer Sprache und nicht zuletzt an den hier verkehrenden Kunden. Die sich aus der Dichte ergebende Konkurrenz untereinander ist hoch. Das hieraus resultierende Preis- und Stil-Spektrum ebenfalls. Dennoch scheint das vorhandene Angebot aktuell die Nachfrage nicht zu übersteigen. Das Beispiel der Brautmodengeschäfte illustriert, warum die Filsbach eine so große Anziehungskraft für Konsumenten außerhalb Mannheims besitzt: Die hohe Dichte an verschiedenen „ethnischen" Fachgeschäften auf engstem Raum schafft ein außergewöhnlich großes Angebot.

Eine türkische Familie aus Bad Mergentheim (Main-Tauber-Kreis), die beispielsweise ein Brautkleid für die Tochter sucht, wird mit hoher Wahrscheinlichkeit in die Mannheimer Filsbach fahren, um hier das große Angebot dieses spezifischen Marktes für den einmaligen Kauf eines Brautkleids zu nutzen. Für das kulturspezifische ästhetische Empfinden existiert hier die größte Auswahl innerhalb eines weit gefassten Umkreises. Ein Besuch in der Mannheimer Innenstadt erscheint demnach lohnend.

Inwiefern das Angebot hinsichtlich dieses oder anderer Fachhandel in Mannheim wirklich größer ist als in Städten wie Stuttgart oder Frankfurt, ist fraglich und müsste konkret einer vergleichenden Studie unterzogen werden. Die Stadt Mannheim verfügt mit der Filsbach jedoch über einen Ort, in dem die Dichte bestimmter ethnischer Fachgeschäfte außergewöhnlich hoch erscheint. Dies bedeutet für Konsumenten kurze Wege. Die Kombination aus kurzen Wegen und einer breiten Angebotsauswahl eines ähnlichen Sortimentes, kann als ein Erfolgsprinzip angesehen werden, das sowohl in *Malls* wie auf Wochenmärkten seit je her gleichsam kundenfreundlich

---

21 siehe hierzu Topographie „Handel" (siehe *Kapitel 6.8.1.2*)

wirkt. Die große Auswahl auf kleinem Raum bedingt durch eine wirtschaftliche Konkurrenz großen Kundenandrang.

So verdichtet sich in dem Gebiet der Filsbach zudem eine Vielzahl von Rechtsanwälten, Reisebüros, Juweliere, Banken und Steuerberatern, die ebenfalls eine sehr spezifische Form des Angebots hinsichtlich der Dienstleistungen, der Waren aber auch der Sprache anbieten. Für all diese Gewerbe lassen sich Beispiele wie das der Familie aus Bad Mergentheim konstruieren, die dem gleichen Prinzip von kulturspezifischem Angebot und einer entsprechenden Nachfrage folgen und den starken Zulauf des Viertels erklärbar machen.

Zweifellos profitiert auch das hiesige Gastgewerbe von den zahlreichen Kunden der Fachgeschäfte, was eine wechselseitige Bereicherung verstärkt. Das migrantische Gastgewerbe macht den Raum als Einkaufszentrum attraktiver, da es die Möglichkeit zur kulturkreisspezifischen Bewirtung bietet; zudem stellen die hier verkehrenden Konsumenten gleichzeitig potentielle Kunden für den Einzelhandel dar. Diesem wechselseitigen Mechanismus zufolge scheint es plausibel, dass sich – wie in der anschließenden quantitativen Erhebung zur Gewerbestruktur untersucht wird – beide Gewerbsarten auf engem Raum weiter verdichten. Diese Beobachtung entspricht einem generellen Charakteristikum „ethnischer Ökonomie", die sich traditionell durch eine hohe räumliche Konzentration auszeichnet (Leicht 2005:30).

6.8.1 Quantitative Erhebung

Um den transkulturellen Hintergrund des Raumes Filsbach anhand von quantitativen Daten zu verdeutlichen, wurde für diese Arbeit die dort vorherrschende Gewerbestruktur als Indikator eines gelungenen Aufwertungsprozesses gewählt, wobei dem von Migranten betriebenen Gewerbe eine gesonderte Betrachtung zukommt.

Die von mir erstellten quantitativen Erhebungen zur Gewerbestruktur wurden am 7. Juni 2011 durchgeführt. Hierfür begab ich mich zu Fuß ins Feld und untersuchte alle 42 Quadrate auf existierende Gewerbe. Diese zeichnete ich in drei Karten zu den Überkategorien ‚Dienstleistungen', ‚Handel' und ‚Gastgewerbe' ein. Jede dieser drei Überkategorien unterteilte ich zudem in weitere Unterkategorien, welche sich mir im Vorfeld der Untersuchung durch Beobachtungen erschlossen hatten. Diese Aufstellung ist in den Tabellen „1.1." bis „1.3." einsehbar.

Ich unterteilte meine Erhebungen zudem in:

- Betriebe, die von Migranten geführt werden und/oder sich mit ihrem Angebot nach der Konsumentennachfrage einer bestimmten migrantischen Subkultur richten (Betriebe erster Art).
- Betriebe, die von Menschen ohne Migrationshintergrund geführt werden und/oder sich mit ihrem Angebot an der Nachfrage einer Subkultur orientieren,

die einer „westlich-urbanen (Gegenwarts-)Kultur"[22] zuzuordnen sind (Betriebe zweiter Art).
- Betriebe, die sich mit ihrem Angebot an beide Zielgruppen richten und dabei weder als „ethnisch" noch als „*hip*" einzustufen sind. So wurden Wettbüros beispielsweise lediglich anhand ihrer Häufigkeit registriert und diesbezüglich nicht differenzierter behandelt.

Meine These bezog sich zu Anfang darauf, dass sich die meisten Betriebe der ersten Kategorie in dem Gebiet verdichten, das an die Fußgängerzone „Breite Straße" angrenzt. Dieses Gebiet wird beschreiben als die Filsbach-Quadrate „E" bis „K", welche die Kennung „1" bis „4" tragen, was demnach die fußgängerzonennahen Teile der Filsbach beschreibt. Im Gegensatz dazu verdichten sich Betriebe der zweiten Kategorie eher im an den Jungbusch angrenzenden Bereich der Filsbach, also den Quadraten „5" bis „7".

6.8.1.1 Dienstleistungen

Meine Gewerbe-Struktur Erhebungen zur Überkategorie der Dienstleistungen zielten in erster Linie auf Betriebe ab, die durch Laden-Charakter und Schaufenster im Straßenbild prägender – sprich visibler – sind als Ärzte oder Rechtsanwälte, deren Gewerbeflächen meist in oberen Stockwerken liegen. Diese Dienstleister spielen ob ihrer versteckteren Lage eine weniger wichtige Rolle für die ökonomische Wahrnehmung des Viertels. Beispiele für optisch prägende Betriebe sind hingegen Friseure und Reisebüros. Bei meinen Erhebungen konzentrierte ich mich gezielt auf von Migranten betriebene Unternehmen bzw. auf Betriebe, die mit ihrem Angebot speziell eine migrantische Klientel ansprechen und zudem durch ein explizites Laden-Angebot sichtbar waren. Hinsichtlich der diesbezüglichen Zuordnung ließ ich mich durch die Schaufenster-Sprache wie auch den spezifischen Stil der Einrichtung und des beworbenen Angebots leiten.

Einschränkung

Dienstleistungen von Nicht-Migranten, die lediglich durch Schilder auf ihr Angebot hinwiesen, oder welche ausschließlich in Branchenbüchern zu finden waren, wurden in dieser Erhebung nicht vollständig erfasst. Da sie – wie bereits beschrieben – für die ökonomische Wahrnehmung eine untergeordnete Rolle spielen, kann die Erhebungen zu Dienstleistungen trotz unvollständiger Datenlage über Ärzte und Rechts-

---

22 Diese von mir auferlegte Begriffskonstruktion soll westlich geprägte Jugend-, Musik und Ausgehkulturen sowie daran anlehnende Ästhetiken und (Lebens-)Stile umreißen. Demnach beschreibt die Begriffskonstruktion ein kulturelles Spektrum, dem Trend-Erscheinungen genauso zuzuordnen sind, wie Relikte traditioneller, deutscher Betriebe. Die Szene-Bar ist dieser demnach genauso zuzuordnen wie die Spelunke; der biedere Haarschneide-Salon genauso wie das *trendy* Friseur-Atelier.

anwälte als aussagekräftig hinsichtlich des transkulturellen Hintergrundes des Raumes gewertet werden.

Meine Erhebungen ergaben, dass in der Filsbach zum Erhebungszeitraum 20 migrantisch-betriebene Friseursalons existieren. Davon sind 16 im Gebiet der Quadrate „1" bis „4" verortet. Es zeigt sich also auch hier eine klare Verdichtung in Richtung des Einzugsgebiets der „Breiten Straße". Nur zwei der fünf Friseursalons, die nicht auf eine migrantische Klientel ausgerichtet sind, liegen in den Quadraten „1" bis „4". Die Lage für diese zum Teil artifiziell anmutenden Salons scheint sich zu verbessern, je näher man dem Quartier Jungbusch kommt. Von den elf migrantisch-betriebenen Reisebüros liegen alle im Gebiet der Quadrate „1" bis „4". Sie werben teilweise in türkischer Sprache und bieten in den Schaufenstern vermehrt Reisen in die Türkei, Polen oder die Länder des Balkans an.

Die Topographie zu Dienstleistungen im Bereich Filsbach zeigt klar, dass sich selbstständige Migranten vor allem in den Quadraten „1" bis „3" ansiedeln und die Straße zwischen den G- und H-Quadraten insbesondere für migrantische Friseure eine große Sogwirkung zu haben scheint. Diese Topographie illustriert die Verortung sowie die Häufigkeit der Dienstleitungsgewerbe und unterscheidet diese lediglich an Hand der Charakterisierungen „migrantisch-" bzw. „nicht-migrantisch betrieben". Als Fokusgruppe innerhalb der migrantischen Dienstleister wählte ich dabei die auffallend häufig verzeichneten Friseur-Salons, die von Migranten betrieben werden.

Die Tabelle 1.1 verdeutlicht das breite Spektrum der angebotenen Dienstleistungen und nimmt eine räumliche Aufteilung über die Quadrat-Bereiche „1" bis „4" und „5" bis „7" vor, um eine Gewerbskonzentration im Einzugsgebiet der „Breiten-Straße" aufzuzeigen.

Tabelle 1.1: Dienstleistungen im Gebiet Filsbach

Art	Von Migranten betrieben	davon in den Quadraten 1-4	Nicht von Migranten betrieben	davon in den Quadraten 1-4
Friseure	20	16	5	2
Rechts-Kanzleien	6	5		nicht erfasst
Banken	4	4	1	0
Reisebüros	11	11	2	2
Wettbüros	6			
Steuerberater/Übersetzer/Verwaltungsarbeiten	5	4	nicht erfasst	
Fahrschulen	3	2	1	1
Ärzte	5	5	nicht erfasst	
Fotografen	2	2	nicht erfasst	
Andere (Massagestudios, Ingenieur, Sanitäre Anlagen, etc.)	12	10	8	2
GESAMT	68	59		

Die wirtschaftliche Nutzung der Filsbach 77

            TOPOGRAPHIE DIENSTLEISTUNG

◯   Von Nicht-Migranten betriebenes Dienstleitungsgewerbe

◆   Von Migranten betriebenes Dienstleitungsgewerbe

✂   Fokusgruppe: Friseursalons, von Migranten betrieben

Abbildung 3: Topographie Dienstleistung

6.8.1.2 Handel

Neben dem selbstständigen Dienstleistungs-Gewerbe prägt die Filsbach zudem ein florierender Einzelhandel, der sich verstärkt in der sogenannten Markt- und Dönerstraße offenbart. Im Bereich der Quadrate „1" bis „4" existieren insgesamt zehn Fachhandel, die sich auf den Bereich „Brautmoden" spezialisiert haben. Weiterhin werden in diesem Gebiet 13 Betriebe registriert, die im Modebereich ihr Angebot auf eine migrantische bzw. türkische Klientel ausgerichtet haben; hierzu zählen meiner

Kategorisierung nach Schneiderein, Bekleidungsausstatter und Mode-Ateliers. Es fällt auf, dass keiner dieser Betriebe in den Quadraten „5" bis „7" verortet ist und somit auch hier eine Verdichtung im Einzugsgebiet der „Breiten Straße" zu verzeichnen ist.

Weiterhin existieren neun Lebensmittelgeschäfte, fünf Bäckereien/Konditoreien und zwölf Geschäfte, die durch das *Label* „Import/Export" gekennzeichnet sind. Die vier verzeichneten Call-Shops sowie fünf Unternehmen, die auf Elektronikbedarf spezialisiert sind, bieten ihre Waren insbesondere in der Straße zwischen den G- und H-Quadraten, nahe der „Breiten Straße" an.

Tabelle 1.2:   Handel im Gebiet Filsbach

Art		Von Migranten betrieben	davon in den Quadraten 1-4	Nicht von Migranten betrieben
Brautmode		10	10	0
Mode/Schneider/Atelier		13	13	5
Juwelier		13	12	0
Lebensmittelgeschäfte		9	8	0
Supermarkt / Franchiser		2	2	11
Metzgerei		2	2	1
Bäckerei / Konditorei		5	5	4
Kaufhaus / Gemischtwaren		12	10	
Kiosk		3	1	3
Elektronik/Satellit und Medien		5	3	0
Call-Shops		4	4	0
Apotheken	4			
Andere (Fachhandel-Bodybuilding, Shishashop, etc.)		7	4	17
GESAMT		**85**	**74**	

Die wirtschaftliche Nutzung der Filsbach 79

TOPOGRAPHIE HANDEL

●   Von Migranten betriebenes Handelsgewerbe

☆   Fokusgruppe: Fachhandel – Juwelier, von Migranten betrieben Fokusgruppe:

✗   Fachhandel – Brautmodenbedarf, von Migranten betrieben

⊕   Von Nicht-Migranten betriebenes Handelsgewerbe bzw. Franchiser

Abbildung 4:   Topographie Handel

Insgesamt registriere ich 85 migrantisch-geführte Unternehmen in der Kategorie „Handel". Von diesen 85 Unternehmen verdichten sich 74 im Bereich der Quadrate „1" bis „4". Die Filsbach-Quadrate „5" bis „7" sind nicht nur von verhältnismäßig wenigen migrantischen Betrieben geprägt, sondern weisen auch insgesamt eine eher niedrige Gewerbsdichte auf. Je näher man dem Jungbusch kommt, desto mehr ist der

Raum geprägt durch Wohnflächen, wie durch Unternehmen, die im kreativwirtschaftlichen Sektor arbeiten.

Die Topographie „Handel" zeigt deutlich, dass sich die bevorzugte Lage des migrantischen Einzelhandels entlang der Straßenzüge zwischen den Quadraten „G" und „H" (die sogenannte „Dönermeile") sowie zwischen den Quadraten „1" und „2" (die sogenannte „Marktstraße") befindet. Darüber hinaus wird deutlich, dass die an der Fußgängerzone „Breite Straße" gelegenen Gewerbeflächen durch Franchise-Unternehmen und nicht-migrantischen Einzelhandel besetzt sind. Der migrantische Einzelhandel entlang der „Breiten Straße" wird erst ab dem Quadrat „J1" präsenter.

6.8.1.3 Gastgewerbe

Das Gastgewerbe im Gebiet Filsbach wird von Betreibern mit Migrationshintergrund bestimmt. Im Untersuchungsraum Filsbach ließen sich am 7.Juni 2011 21 Betriebe verzeichnen, in denen (unter anderem) Döner verkauft wird. 14 dieser 21 Betriebe sind hierbei als Gaststätten einzustufen, da sowohl Tische und Sitzgelegenheiten als auch Toiletten vorhanden sind. Sieben dieser Betriebe sind folglich als „Imbiss" einzustufen, die über keine Toilette verfügen und lediglich mit Stehtischen ausgestattet sind. Von diesen 21 „Döner-Betrieben" finden sich 20 im Gebiet der Quadrate „1" bis „4" verortet. Ähnlich des Beispiels der Fokusgruppe „Brautmodenbedarf" verdichten sich diese gastronomischen Betriebe im Bereich der „Breite Straße".

Die Topographie „Gastgewerbe" verzeichnet die meisten Döner-Läden entlang der „Marktstraße" und der bis zu den Quadraten H4/G4 reichenden „Dönermeile". Dies führt dazu, dass sowohl Fußgänger, die von der „Breiten Straße" in das Gebiet einlaufen wie auch Autofahrer, die über die „Marktstraße" in die Filsbach gelangen, diese Verdichtung sehr präsent vor Augen geführt bekommen. Die Topographie „Gastgewerbe" illustriert ebenfalls, dass die Häufigkeit der von Migranten betriebenen Gaststätten abnimmt, je weiter man sich von der „Breiten Straße" entfernt und je näher man dem Jungbusch kommt. Damit ist meine angeführte Vorannahme bestätigt.

Eine weitere, auffallende Größe sind die zahlreichen Kulturvereine und die „ethnischen Cafés". Der Unterschied zwischen diesen beiden Lokalitätsbezeichnungen besteht im Wesentlichen darin, dass Kulturvereine keine Ausschanklizenz für Alkohol besitzen und in der Regel geschlossene Gesellschaften bewirten. In den „ethnischen Cafés", die oft auch als Bistro geführt werden, darf Alkohol hingegen ausgeschenkt werden. Meist werden sie von Stammgästen besucht.

„Ethnische Cafés" und Kulturvereine muten in ihrem Erscheinungsbild ähnlich an. Nach außen hin unauffällig oder fast gar nicht beworben, sind sie spärlich eingerichtet und es darf im Innenraum geraucht werden, zudem trifft man hier fast ausschließlich Männer an. Aufgrund dieser Ähnlichkeiten, auch hinsichtlich des von ihnen ausgehenden (bindenden) Sozialkapitals, fasse ich beide Nutzungsarten in dieser Erhebung zu einer Kategorie zusammen. Die Anzahl der Kulturvereine und „ethnischen Cafés" ist im Laufe der letzten Jahre im Bereich Filsbach erheblich an-

Die wirtschaftliche Nutzung der Filsbach 81

gestiegen. Oftmals zogen sie in zuvor durch Wettbüros oder Rotlicht-Kneipen besetze Räumlichkeiten ein, deren zahlenmäßige Häufigkeit im Gegenzug klar abgenommen hat. Verdichteten sich Rotlicht-Bars nach dem Zweiten Weltkrieg in den Jungbusch-nahen Blocks G7 / H7 – was in der Folge auch zu einer sehr präsenten Straßen-Prostitution führte – geht aus Beschreibungen hervor, dass im Laufe der sechziger Jahre in K2 und K3 ganze Straßenzüge durch Rotlicht-Bars und Strip-Lokale belegt waren (Keim1995:77). Die sechs zum Erhebungszeitpunkt registrierten Rotlicht- und Strip-Bars in K2, K3 und J2, stellen somit ein Überbleibsel jener Zeit dar. Ebenfalls lassen sich in der Filsbach sechs ansässige Wettbüros registrieren. Gastgewerbe mit Alkoholausschanklizenz, das insbesondere von Menschen ohne Migrationshintergrund frequentiert wird, keine warme Küche anbietet und in dem geraucht werden darf, fasse ich in dieser Erhebung unter dem Begriff ‚Kneipe' zusammen.

Tabelle 1.3.: Gastgewerbe im Gebiet Filsbach

Art	Von Migranten betrieben	davon in den Quadraten 1-4	Nicht von Migranten betrieben	davon in den Quadraten 1-4
Döner	21	20		
davon Döner Restaurant	14	14		
davon Döner Imbiss	7	6		
Café (kein Alkohol)	2	2		
Kultur und Freizeitvereine / "ethnische" Cafés (Teilweise Alkohol)	34	28		
Pizzeria / Pizza-Imbiss	4	3		
Restaurants (keine deutsche- und keine türkische Küche, keine Pizzeria)	8	6		
Kneipen			12	5
Gaststätten			7	4
Cafés (Kaffeehaus)			6	4
Sex-Bar			6	6
Hotels			2	1
Clubs			2	0
GESAMT	**69**	**59**	**35**	**20**

TOPOGRAPHIE GASTGEWERBE

△ Gastronomie mit Alkoholausschank

○ Kulturverein bzw. ethnisches Café

☐ Döner-Restaurant und -Imbiss

Abbildung 5:   Topographie Gastgewerbe

Im Gebiet Filsbach existieren zum Erhebungszeitpunkt zwölf Betriebe, auf die diese Beschreibung zutrifft. Je weiter man sich von der „Breiten Straße" entfernt und je näher man dem Quartier Jungbusch kommt, desto mehr Kneipen findet man. Sie konzentrieren sich um die verlängerte „Dönerstraße" zwischen den G- und H-Quadraten. Zudem sind sieben Gaststätten zu registrieren, in denen vornehmlich eine deutsche bzw. eine gehobene Küche angeboten wird. Zuzüglich der acht Restaurants, in denen keine deutschen Speisen angeboten werden und dennoch Alkohol ausgeschenkt wird, ergibt sich eine Anzahl von 27 Gaststätten mit Alkoholausschank (ausgenommen der „ethnischen Cafés").

"Von allen türkischen Selbständigen in Mannheim arbeitet jeweils nicht ganz ein Drittel im Handel und im Gastgewerbe. Dies ist zwar im Vergleich zu deutschen Betrieben eine übermäßig starke sektorale Konzentration. Doch im Vergleich zu Italienern oder Griechen, von denen jeweils über die Hälfte einen Gastronomiebetrieb führt, weisen die türkischstämmigen Selbständigen eine etwas breiter gefächerte Branchenstruktur auf. Dies hängt aber auch damit zusammen, dass Türken eine größere Population bilden, wodurch bestimmte Dienstleistungsangebote (z.B. türkische Friseure oder Reisebüros) auch mit einer entsprechenden Nachfrage rechnen können"(Leicht 2005:51).

6.8.2 Beobachtungen

Die von der Filsbach ausgehende Sogwirkung zieht vor allem an Samstagen viele türkischstämmige Menschen und Migranten aus den umliegenden Städten in diesen Teil der Mannheimer Innenstadt. Selbst aus Frankreich kommen Menschen in die Filsbach zum Einzukaufen und um sich bewirten zu lassen, da das Angebot auf ihre kulturspezifischen Wünsche ausgerichtet ist. Die dominante Rolle, welche die Innenstadt für die „türkische Ökonomie" einnimmt, reduziert ihre Anteilswerte in den übrigen Stadtbezirken (Leicht 2005:30).

Wichtigste Zufahrt und Hauptverkehrsschneise für die „Shopping-Touristen" der Filsbach ist die „Marktstraße", die ihren Namen aufgrund der Tatsache trägt, den Marktplatz zu tangieren. Im Zuge der Daten-Erhebung verbrachte ich an diversen Samstagnachmittagen Stunden an der Zufahrt zur „Marktstraße", um Nummernschilder einfahrender Autos zu beobachten. Es wurde schnell deutlich, dass viele der Einkaufstouristen aus umliegenden Provinzen – also Pfalz, Bergstraße, Odenwald –, aber auch aus umliegenden großen Städten wie Frankfurt, Stuttgart oder Karlsruhe in dieses Viertel kommen. Auch ausländische Nummernschilder aus Frankreich und den Benelux-Staaten sind keine Seltenheit. Der Blick durch die Autofenster ließ zudem den oft augenscheinlichen Migrationshintergrund der Auto-Insassen feststellen.

Es existieren in Mannheim verschiedene Zufahrtsstraßen, über die man per Auto in die Quadrate gelangt. Neben der „Marktstrasse" stellt die „Fressgasse" eine weitere, hoch frequentierte Einfahrtsstraße zwischen den P- und Q-Quadraten dar. Sie führt Autofahrer wie Fußgänger in einen völlig anderen, prestige-trächtigeren Teil der Innenstadt nahe des Mannheimer Wahrzeichens, dem Wasserturm.

Die in der „Fressgasse" ansässigen Restaurants, Boutiquen sowie Fachhandel fokussieren mit ihrem Angebot ein eindeutig einkommensstärkeres Kundenprofil als das Gewerbe in der „Marktstraße". Auch die „Fressgasse" ist als Zufahrtsstraße zum Zentrum stark befahren und an Samstagnachmittagen gleichfalls von Verkehrs-Staus gepeinigt. Der Verkehr verläuft hier dennoch deutlich geregelter. Die Bürgersteige sind belebt und trotzdem nicht überfüllt. Häufig erblickt der Beobachter in dieser Straße Nobelkarossen und Menschen in teuren Anzügen und Kleidern.

Der Anblick der „Marktstraße" an einem Samstagnachmittag führt dem Betrachter hingegen ein völlig anderes Bild vor Augen. Laut, voll und eng sind Straße und Bürgersteige. Es herrscht eine chaotisch anmutende Verkehrssituation, die gleichsam Auslastung und Anziehungskraft dieser Straße illustriert. Der Anblick steht sinnbildlich für die Sogwirkung des Quartiers als Einkaufszentrum und den florierenden wirtschaftlichen Umsatz.

6.9 Natürliche (Wirtschafts-)Areale im Feld

Was bereits Robert E. Park in den zwanziger Jahren des 20. Jahrhunderts besonders interessiert, ist das Unterlaufen der architektonischen (Block) und administrativen (Bezirk) Vorgaben durch Prozesse menschlicher Natur, über die sich ungeplante, natürliche Areale herausbilden (Lindner 2007:100). Ausgehend von meiner zu Beginn des Kapitels formulierten Annahme – dass die topographisch betrachtete, wirtschaftliche Raumnutzung beider Stadtteile eine alternative (imaginäre) Grenze erzeuge – und der Auswertung der erhobenen Daten, werden in der Topographie solch „natürliche" Areale sichtbar. Sie beziehen sich in diesem Fall auf die wirtschaftliche Nutzung des Raumes. Eine quantitative Analyse der Gewerbestruktur des Jungbusch konnte in dieser Arbeit auf Grund von Seitenrestriktionen nicht vorgenommen werden, wenngleich sie die Ergebnisse jedoch weiter hätten erhärten können. Ich gehe daher lediglich aufgrund meiner Beobachtungen davon aus, dass die Art der wirtschaftlichen Nutzung des Raumes in den Filsbachquadraten „6" und „7", der des Jungbusch ähnelt. Für diese beiden Bereiche ist eine Mischnutzung aus kreativwirtschaftlichen Unternehmen, Gastronomie mit Alkoholausschank und Wohnen prägend. Aus meinen Erhebungen geht deutlich hervor, dass die Filsbachquadrate „1" bis „4" im Gegensatz hierzu vom migrantischen Einzelhandel bestimmt werden.

Die Übersetzung dieser Datenlage in eine Topographie („Natürliche (Wirtschafts-)Areale des Feldes") zeigt Areale auf, die sich über die formalen Bezirksgrenzen hinwegsetzen. Schenkt man der im Folgenden aufgeführten Aussage Glauben, so wird deutlich, dass diese Areale den imaginären Grenzen entsprechen, die noch von Bewohnern der Vorkriegszeit übermittelt sind. Darüber hinaus sind diese „natürlichen" Areale auch mit den Grenzen der bau-historischen Entwicklung des Feldes kongruent.

> „In den 6er und 7er-Quadraten habe es vor dem Krieg viele Bewohner gegeben, die sich zum Jungbusch gehörig fühlten und sagten, ‚ich wohne im Jungbusch'. Diese Quadrate Zuordnung spiegelt die historische Entwicklung des Jungbusch und der Filsbach wider [...]. Der Jungbusch und die 6er- und 7er-Quadrate entstanden bei der ersten Stadterweiterung zum Hafen hin, als Mannheim bedeutende Handelsstadt war" (Keim 1995:58)

Natürliche (Wirtschafts-)Areale im Feld 85

Abbildung 6: Topographie „Natürliche (Wirtschafts-)Areale des Feldes"

Gemäß dieser Analyse der Datenlage findet sich meine Annahme folglich bestätigt. Die wirtschaftliche Raumnutzung generiert eine alternative (imaginäre) Grenze innerhalb des Feldes, die, wie aus der Topographie „Natürliche (Wirtschafts-) Areale des Feldes" ersichtlich wird, zwischen den Filsbachquadraten „5" und „6" verläuft.

7 „Transnationalmannschaft" – ein Dokumentarfilm

Rückblick – EM 2008.
Jungbusch und Filsbach sind ein buntes Fahnenmeer, der Fußball regiert die Fernseher in den Kulturlokalen, Friseur-Läden und Privatwohnungen. Beim Einzug der Türkei ins Halbfinale stehen die Quartiere regelrecht Kopf. Zur Feier des Sieges gegen Kroatien versammelt sich die türkische *Community* der Viertel auf dem Marktplatz. Die zahlenmäßige Stärke und der exzessive Freudentaumel kann nur als überwältigend beschrieben werden.

Bei der anschließenden Begegnung *Deutschland-Türkei* kommt es zu einer – für mich – unvergesslichen Stimmung in den Quartieren. Öffentliche Diskussionen, ob die Polizei-Präsenzen verstärkt und mit Ausschreitungen gerechnet werden müsse, zeigten sich als unbegründet, als – trotz der Niederlage der Türkei – viele durch Fahnen, Trikots und Gesichtsbemalungen erkennbaren Anhänger der türkischen Mannschaft nach Überwindung eines kurzen Schockmomentes auf den Straßen des Quartiers sowie stadtweit an öffentlichen *Public-Viewing*-Plätzen mit den Deutschen Fans feiern.

Im November 2009, als ich mich bereits in den Vorbereitung zu dieser vorliegenden Magisterarbeit befand, entsann ich mich dieses Bildes und mir kam die Idee, einzelne Inhalte der Arbeit über einen Dokumentarfilm näher beleuchten zu können. Vornehmlich ging es mir dabei um die Identifikation mit dem Raum und die Reflektion des Nationenbegriffes. Die Idee war, hierfür den gleichen räumlichen Rahmen wie der dieser Forschungsarbeit zu wählen – Jungbusch und Filsbach – da beide Bezirke hinsichtlich ihrer demographischen Struktur Ähnlichkeiten aufweisen und sie als einstige „Übergangszone zwischen Hafen und Stadt" vor Ausbau des Luisen-Rings eine historische Verknüpfung aufweisen. Als thematische Grundlage wie Zeitfenster wählte ich die Fußballweltmeisterschaft 2010, wovon ich mir zudem einen unverkrampften Zugriff auf den Nationenbegriff versprach.

Ich arbeitete während der Dreharbeiten mit 13 Informanten zusammen, die ich begleitete und interviewte und von denen nach Abschluss der Postproduktion alle bis auf einen den Sprung in den Film schafften. Zusätzlich sammelten mein sechsköpfiges Team und ich eine Fülle von O-Tönen unzähliger Passanten wie Fußball-Fans, die sich auf die Spiele der Nationalelf, deren Zusammensetzung und die Rolle von Integration für die deutsche Gesellschaft bezogen.

An dieser Stelle zur Erinnerung: 11 der 22 Spieler im Kader der deutschen Nationalmannschaft hätten aufgrund eines Migrationshintergrundes theoretisch auch für eine andere Nation antreten können. Diese Situation stellte ein historisches Novum dar. Prominentestes Beispiel unter ihnen ist sicherlich Mesut Özil, geboren und aufgewachsen in Gelsenkirchen, dessen Eltern jedoch in der Türkei geboren wurden.

Die von Migranten und deren Kindern geprägten Quartiere Jungbusch und Filsbach stellten somit die ideale Szenerie dar, dieses zeitgeschichtliche Ereignis zu dokumentieren und diskutieren. Hinsichtlich ihres Migranten-Aufkommens sind es Viertel, wie sie jede im Westen gelegene deutsche Großstadt kennt. Ihre Besonderheit liegt an der räumlichen Verortung in der Innenstadt und dem bereits erörterten florierenden Einzelhandel.

Die Atmosphäre während einer Fußballweltmeisterschaft lässt sich in vielerlei Hinsicht als Ausnahmesituation beschreiben. Es ist eine Zeit, in der nationale Zugehörigkeit stärker thematisiert wird als sonst. Nationale Insignien sind deutlich präsenter und die geteilten Ereignisse (Spiele) erzeugen eine Atmosphäre, die durch die Vorfreude auf die nächsten und die kollektive Verarbeitung der vergangenen Partien geprägt ist.

7.1 Informanten und Beschreibung des Films

Für den Film „Transnationalmannschaft" wurden 13 Protagonisten während der WM 2010 begleitet, die ich unter den Aspekten Lebensgeschichte, Geschlecht, Alter, Profession und Performanz bewusst differenziert auswählte. Ich befragte sie in Interviews zu Biographie, Vorstellungen von Heimat sowie über ihrer Beziehung zu den Stadtquartieren Jungbusch und Filsbach.

Wichtigster Moment stellte zunächst die Kontaktaufnahme zwischen mir und den Protagonisten/Informanten dar. Da die Gewinnung von verwertbaren Aussagen ein Grundvertrauen der Protagonisten voraussetzte, galt es zunächst, dies zu gewinnen und auszubauen. Dies verlangte von mir, im Vorfeld viel Zeit mit den Protagonisten zu verbringen, um nicht plötzlich bei Leuchten des roten Kamera-Lämpchens einen anderen Menschen vor mir zu haben bzw. zu erkennen, sobald dies passierte. Die Arbeit während der Vorproduktion glich in vielerlei Hinsicht der Arbeit eines Ethnologen im Feld, was mich dazu bringt, die Vorproduktion sowie die Zeit des Drehs als eine „Feldforschung *light*" aufzufassen.

Die Interviews mit den Beteiligten der DJK-Jungbusch, wie beispielsweise Mucho und Mustafa, unterlagen in gewisser Hinsicht den Auflagen der zuständigen Sozialarbeiter des Gemeinschaftszentrums. Fragen zu ‚Gewalt', ‚Ehre' und ähnlich klischeebehafteten Themen durften als Vorraussetzung für eine Zusammenarbeit nicht gestellt bzw. nicht in den Film aufgenommen werden. Sie argumentierten dies mit schlechten Erfahrungen, die sie in der Vergangenheit mit Journalisten gemacht hätten, was diese Einschränkungen zum Schutz der Jugendlichen und deren Außendarstellung erkläre. Alle in „Transnationalmannschaft" gezeigten Szenen, in denen Mitglieder der DJK-Jungbusch zu sehen sind, mussten zudem von den Sozialarbeitern abschließend autorisiert werden. In diese Arbeit nehme ich jedoch auch Aussagen aus dem Rohmaterial auf, die für den Film nicht verwendet worden sind, so wie ich generell O-Töne und Aussagen von Protagonisten in diese Magisterarbeit einfließen lasse.

Bei der Analyse der von den Protagonisten getroffenen Aussagen zu Nation, nationaler Zugehörigkeit und Identifikation müssen jedoch stets die Rahmenbedingungen des (euphorischen) Weltmeisterschafts-Kontextes berücksichtigt werden sowie die Situation eines Kamera-Interviews, was manche Protagonisten hinsichtlich der zu erwartenden Öffentlichkeit bzw. der sozialen Wahrnehmung ihrer Aussagen wahrscheinlich vorsichtig oder weniger frei sprechen ließ.

Ein weiterer Faktor, der zudem berücksichtigt werden muss, betrifft die Nicht-Teilnahme der Türkei an diesem Turnier. Diese Gegebenheit lässt im Umkehrschluss darauf schließen, dass ein gesteigertes Solidaritätspotential von „Deutsch-Türken" zur deutschen Nationalmannschaft und dem durch sie repräsentierten Land zu verzeichnen ist. Diese Konstellation erzeugt jedoch auch eine Ausgangslage, vor welcher Fragen zu Deutschland, Mannheim, Jungbusch und dem Heimatbegriff unter Umständen ungezwungener beantwortet werden konnten.

„Transnationalmannschaft" fand mit Projektor-Film-Verleih im Februar 2011 einen Verleiher und startete am 02. Juni 2011 bundesweit in deutschen Programm-Kinos. Internationale Filmfestspiele (Cannes, Florenz, u.a.) wurden zudem auf den Film aufmerksam. Die Berichterstattung durch Medien wie *Zeit online*, *Stern*, *Welt*, *heute- journal*, *arte Journal*, *Süddeutsche*, *Spiegel*, u.v.m. zeigen zudem das hohe Interesse der Öffentlichkeit an Themen, die mit Transkulturalität in Verbindung stehen.

8 Was ist der Jungbusch für mich? Drei Rezeptionsweisen

8.1 Mucho

„Ich würde gerne hier weiterleben und so. Ich würde hier auch gern sterben!"

Die C-Jugendmannschaft des DJK-Jungbusch spielt im Film „Transnationalmannschaft" eine wichtige Rolle. Mucho (Müchahit) ist zum Zeitpunkt der Film-Produktion Kapitän der Mannschaft und 14 Jahre alt. Der Trainer Mustafa und Norman, Betreuer der Mannschaft, sind ebenfalls Protagonisten des Films. Um einen vertrauensvollen Kontakt zur Mannschaft und ihren jungen Spielern aufzubauen, begleitete ich die C-Jugendmannschaft der DJK während der gesamten Rückrunde. Ich unterstütze sie durch den Transport von Spielern, nahm am Saison-Abschlussfest der Mannschaft und an vereinzelten Trainings teil.

Diese erste Kontaktaufnahme gestaltete sich schwieriger, als gedacht. Die Jungen schienen meine Anwesenheit skeptisch zu hinterfragen und waren in der ersten Zeit eher distanziert. Nachdem sie mich zunächst ignorierten und meine Kommentare zum Spiel geflissentlich übergingen, verbuchte ich das Grüßen und Verabschieden nach den ersten Wochen als kleinen, wenn auch ausbaufähigen Erfolg. Mit einigen der aufgeschlosseneren Spielern kam ich immerhin abseits des Spielfelds nach und nach ins Gespräch. Sie grüßten mich von da an, wenn wir uns im Jungbusch begegneten. Dennoch schienen sich nur manche von ihnen mehr für mich zu interessieren.

Es bedurfte einiger Anstrengung, ihnen die Anrede „Sie" abzugewöhnen – was mir wichtig erschien, um die neuentstehende Beziehung nicht durch einen Autoritätsglauben zu behindern. Wenn ich allein mit den Jungen im Auto zu Spielorten fuhr, wirkten sie oft überraschend verschüchtert. Am Ende der Rückrunde kannte ich jeden Spieler aus dem Kader mit Namen, wusste über erste Lebens-Geschichten bescheid und alle kannten mich. Vorteilhafterweise entwickelte ich mich zu einer Art Glücksbringer für die Mannschaft. Für die meisten von ihnen blieb ich jedoch bis heute ein Fremder, der bei zufälligen Begegnungen auf der Straße zwar heute noch gegrüßt und mit dem geplaudert wird, dem vertraulichere Gesprächsthemen jedoch verwehrt bleiben.

Die organisatorische Unterstützung und meine Solidarität während den Spielen, aber auch die Akzeptanz meiner Person durch ihren Betreuer und Sozialarbeiter Norman Achenbach, zu dem die Jugendlichen ein vertrauensvolles Verhältnis hatten, wertete ich als entscheidende Faktoren für die Auflockerung des Verhältnisses.

Ich erklärte erst einen Spieltag vor Saisonende meine Absicht, einen Dokumentarfilm zu drehen und einige von ihnen zu Themen wie ‚Jungbusch', ‚Heimat' und ‚Fußballweltmeisterschaft' zu befragen.

Ich entschied mich bei meiner Wahl des Spieler-Protagonisten für Mucho, weil er zum einen selbstbewusst wirkte, zum anderen weil er zu diesem Zeitpunkt in der Filsbach wohnte, sich als Kapitän der Mannschaft jedoch stark mit dem Quartier Jungbusch identifizierte. Diese Tatsache bestärkte mich erneut in meiner Absicht, beide statistischen Bezirke als *ein* Feld aufzufassen. Dass Mucho Filsbach und Jungbusch als Einheit wahrnimmt, die er jedoch stets als „Jungbusch" tituliert, zeigt sich an vielen Stellen der Interviews.

Obwohl die Interviews mit Mucho sehr gut verliefen, er mir stets höflich und respektvoll gegenüber auftrat, verblieb auch unser Kontakt auf einer eher distanzierten Ebene. Eine gewisse Skepsis und Vorsicht legte er mir und meinen Fragen gegenüber nie ganz ab. Mucho kann hinsichtlich seiner Einstellung zur deutschen Fußballnationalmannschaft als ein typisches Beispiel für viele junge „Deutsch-Türken" angesehen werden, die ich im Feld traf und zu denen ich Kontakt hatte. Er war bei den Spielen zwar nicht gegen Deutschland, jedoch zeigt er auch kein pro-aktives Interesse für das Team und dessen Abschneiden, was sich beispielsweise darüber offenbarte, dass er an den entsprechenden Spieltagen oftmals gar nicht wusste, dass Deutschland spielte. Er bezeichnet sich selbst als Türke und begründet dies mit seinem „türkischen Blut". So antwortete er in einer der Schlüsselszenen des Films auf die Frage, ob er –hypothetisch betrachtet – lieber für Deutschland oder für die Türkei bei der WM antreten würde:

> „Ich würde für Türkei spielen, weil meine Eltern Türken sind und so. Und ich liebe auch Türkei so sehr. Ich denke halt auch, ich bin halt auch ein Türke – türkisches Blut und so, weil die Eltern Türken sind. [...] Aber würde es ein Mannschaft geben „Nationalmannschaft Mannheim", dann würde ich für Nationalmannschaft Mannheim spielen, weil ich bin ja in Mannheim aufgewachsen und meine Heimat ist auch Mannheim, sondern nicht Deutschland"

Diese Stellungnahme zeigt klar, dass sich Mucho stärker dem türkischen- als dem deutschen Nationalstaat zugehörig fühlt. Seine Argumentation mit „türkischem Blut" verdeutlicht, dass er seine nationale Identität essentialisiert. Seine nationale Identität leitet sich ihm zufolge aus der türkischen Abstammung seiner Eltern ab, er fundiert sie somit ethnisch. Dieser Essentialisierung zu Folge ist anzunehmen, dass Mucho neben einer ethnischen Fundierung dieses Teils seiner Identität auch eine soziale Homogenität des entsprechenden nationalen (türkischen) Kollektivs als zutreffend empfinden würde. Eine theoretische Übersetzung dieser Haltung würde demnach der Kultur-Konzeption Herders ähneln, die im methodologischen Nationalismus ihre Entsprechung über nationale Grenzen (Kugeln) findet.

Dass Mucho das Paradoxon einer Mannheimer Nationalmannschaft entwirft, für die er am liebsten spielen würde, verdeutlicht das hohe Potential von städtischem Raum im Bezug auf seine soziale Selbstverortung. Es zeigt uns, dass die kulturelle

Identität des Jungen sowohl die reflexive Hinwendung zum Kollektiv der Türken, als auch zum Kollektiv der Mannheimer kennt (Schiffauer 2002:12). Es lässt sich mutmaßen, dass er die Denkoption einer Mannheimer Nationalmannschaft konstruiert, um einen Ausweg aus der sozial verordneten Dichotomie nationalstaatlicher Zugehörigkeit zu finden. Diese Dichotomie lässt nur eine Dimension der Herkunft zu (entweder Deutschland *oder* Türkei) und ist im Hinblick auf viele in Deutschland lebende „Deutsch-Türken" zu beobachten. Mucho: „Jeder hier macht das auch so! Man sagt nicht ‚Ich bin Deutscher', wenn die Eltern Italiener oder Franzosen sind!" Diese Haltung verstärkt die oben angeführte Annahme, dass eine soziale Homogenität des nationalen Kollektivs, dem man sich selbst zugehörig fühlt, voraussetzend angenommen wird.

Muchos Aussage bezüglich seines Verhaltens in einer von ihm selbst aufgebrachten, hypothetischen Begegnungskonstellation: „Nationalmannschaft Mannheim gegen die Türkei" verdeutlicht, welchen Teil seiner Identität er stärker mit dem Begriff ‚Heimat' verbindet.

> „Da würd ich auch so'n Ehrgeiz haben für Mannheim zu spielen, und gegen Türkei würd ich dann auch gut spielen, weil ich denk nicht dass ich die Türkei verraten würde, weil [...] ich spiel für mein Heimat, so wo ich aufgewachsen bin und so."

Es wird deutlich, dass er nicht nur eher Mannheim als die Türkei als Ort seiner Heimat ansieht, sondern dass er sogar Mannheim explizit als seine Heimat benennt. Dass Mucho jedoch auch den Jungbusch als seine Heimat bezeichnet, offenbart seine Antwort auf die Frage nach seiner Rolle als Kapitän und Spieler in der Mannschaft des DJK-Jungbusch:

> „Ich hab auch schon für andere [Mannheimer] Mannschaften gespielt. Aber da hat man nicht das Gefühl für sein Heimat zu spielen. Man hat nicht die gleiche Emotion wie bei DJK Jungbusch. Man spielt nicht für seinen Stadtteil. Wenn man gewinnt, gewinnt man für Jungbusch – ein gutes Gefühl".

Die hohe Identifikation mit dem Jungbusch bekräftigt auch Norman Achenbach, der als Sozialarbeiter bei der „Jugendinitiative Jungbusch" tätig ist und viel Zeit mit den Jugendlichen verbringt.

> „Sie werden immer als Türken bezeichnet, deswegen identifizieren sie sich auch als Türken. Für die ist dann halt Deutschland nicht so bedeutend. Mannheim schon eher. [...]mit Mannheim identifizieren sie sich schon stark oder mit dem Stadtteil halt – Jungbusch. Eigentlich noch mehr mit dem Jungbusch als mit Mannheim."

Für beide Varianten der Umschreibung von Heimat gilt, dass Muchos Identifikation mit dem städtischen Raum hierfür ausschlaggebender ist, als seine nationale Identität und das hiermit verbundene Kollektiv sowie der hiermit verbundene Raum, die Türkei.

Dass sich diese spezifische Art der Selbstverortung im Hinblick auf seine nationale Identität nicht ausschließt, mag an den Charakteristiken des Raums Jungbusch/Filsbach liegen, die von unterschiedlichsten kulturellen Strömen geprägt sind. Interpretiert man seine Aussagen vor diesem Hintergrund, wird die Annahme gestützt, dass „transkulturelle Identifikationsprozesse ihren Ausgang auf der lokalen Ebene nehmen" (Bolscho 2005:34).

Muchos Eltern sind zwar in der Türkei geboren, sein Vater kam jedoch bereits im Alter von 8 Jahren nach Deutschland. Mucho kennt die Türkei nach eigenen Angaben nur von Sommerurlauben, bekräftigt aber, dass er sich dort gut auskenne. Dass er die Türkei im Gegenzug eindeutig nicht als seine Heimat ansieht, verdeutlicht folgende Aussage:

> „In der Türkei fühl' ich mich wie in Urlaub und nach ein paar Wochen denke ich: Ich will wieder zurück in mein' Heimat!"

Man könnte annehmen, dass der Raum, im dem seine nationale Identität verwurzelt ist (die Türkei), keine räumliche Schnittmenge zum Ort seiner selbsterklärten Heimat (Mannheim/Jungbusch) aufweist. Diese Einschätzung würde für die Analyse dieser Arbeit jedoch auf einem zu eingeschränkten Raumverständnis fußen. Bemühen wir an dieser Stelle das Konzept des sozialen Raums nach Pierre Bourdieu, so wird klar: der Raum, den Mucho als seine Heimat bezeichnet und der Raum, auf den sich seine nationale Identität stützt, weisen hinsichtlich ihres ökonomischen und ihres kulturellen Kapitals durchaus eine räumliche Schnittmenge auf – und zwar eine sozialräumliche. Meine Ausführungen zur hohen Dichte an türkischen Migranten und deren Präsenz im öffentlichen Raum sowie die quantitativen Erhebungen zu migrantischen, vor allem türkischem Gewerbe in der Filsbach, illustrieren die Existenz beider Kapitalsorten. Mucho untermauert diese Sichtweise, wenn er sagt:

> „Es gefällt mir, dass hier so viel Türken gibts [...] und so viele türkische Geschäfte. [...]Weil man zu Hause türkisch spricht und draußen Deutsch, denkt man, man ist Ausländer. Aber in Jungbusch nicht und in Mannheim auch nicht"

Hinsichtlich seiner Selbstwahrnehmung zeigt uns die Aussage, dass die Diskrepanz, die zwischen der zu Hause gesprochen Sprache und der Sprache die „draußen" gesprochen wird, auf Deutschland bezogen, bei Mucho ein Gefühl der Fremdheit erzeugt; auf den Jungbusch und Mannheim bezogen jedoch für sein Heimatgefühl förderlich sind. Es bedeutet, dass für die Entstehung von Muchos Heimatgefühl gewisse kulturelle Faktoren existieren müssen, die für ihn in Verbindung mit seiner nationalen Identität stehen, anderenfalls fühle man sich laut ihm als „Ausländer". Der sehr präsente transkulturelle Hintergrund des Raums Jungbusch/Filsbach wie auch der Stadt Mannheim, liefern hierfür die entsprechenden Voraussetzungen. Sie ermöglichen es Mucho, sich sowohl mit Mannheim/Jungbuch als auch mit der Türkei zu identifizieren. Der türkisch dominierte Einzelhandel, wie auch die verbreitete türkische Sprache geben ihm die Möglichkeit, den türkischen Teil seiner Identität zu leben und an türkischen Netzwerken zu partizipieren.

Jungbusch und Filsbach als „transkulturelle" Räume zu bezeichnen, rechtfertigt sich darüber, dass sie mit dem Raum ‚Türkei' zwar durchaus eine (sozial)räumliche Schnittmenge gemein haben, jedoch sozialräumlich nicht kongruent sind. Anders ausgedrückt: der Raum Jungbusch/Filsbach stellt keine sozialräumliche Teilmenge der Türkei dar, da weitere kulturelle Ströme hier einfließen. Die vorhandenen unterschiedlichen kulturellen Ströme und Lebensstile kumulieren im Feld zu jener einzigartigen Atmosphäre des Raumes[23], die kennzeichnend für sie ist.

Es ist anzunehmen, dass der sehr präsente transkulturelle Charakter dieser Atmosphäre für Muchos Identifikation mit dem Jungbusch und der Filsbach essentiell ist.

> „Ich liebe dieses Viertel [...]und ich freu mich, dass ich hier aufgewachsen bin. Ich find's eine schöne Gegend! [...]Ich würde gerne hier weiterleben und so. Ich würde hier auch gern sterben!"

Diese Aussage verdeutlicht die emotionale Bindung Muchos zu seinem Viertel. Er bewertet seine bislang verlebte Jugendzeit in dem Viertel rückblickend als positiv und kann sich offensichtlich einen längeren Verbleib am Ort seiner Heimat vorstellen. Seine Aussage „Ich würde auch gerne hier sterben" bekräftigt dies auf eindringliche Weise. Es ist anzunehmen, dass der sehr präsente transkulturelle Hintergrund des Viertels für ihn hierfür eine Voraussetzung darstellt.

8.2 Saki

> „Der Jungbusch ist wie ein Aquarium:
> Die Leute laufen drum herum, schauen
> und verschwinden dann wieder."

Folgendes Kapitel widmet sich zwei untrennbar miteinander verbundenen Institutionen des Jungbusch Nachtlebens. Dem „Rhodos" (Lokal) und Saki (Wirt des „Rhodos").

Das „Rhodos" ist zweifelsohne kein gewöhnliches Restaurant. Das Lokal ist bekannt wegen seiner über-langen Öffnungszeiten und der durchgehend warmen Küche. Zudem ist speziell, dass seine Gäste weder von einer bestimmten Subkultur noch von einer bestimmten Altersklasse dominiert sind. Die Bezeichnung ‚Partyspelunke' oder ‚Kiezkneipe' fasst die charakteristische Eigenart der Lokalität sicherlich treffender zusammen, als die Bezeichnung ‚Restaurant'. Die warme Küche bis 5 Uhr

---

23 Nach Löw (2001:272) beschrieben als „die in der Wahrnehmung realisierte Außenwirkung sozialer Güter und Menschen in ihrer räumlichen (An)Ordnung"

morgens zieht weniger klassische Speise-Gäste an, als Party-Gänger, die nach Verlassen der Diskos und Clubs in den frühen Morgenstunden dem alkoholisierten Drang nach Gyros- und Pommes-Platten nachgehen. Der Umsatz des Lokals stützt sich vor allem auf den Verkauf von Bier und alkoholischen Getränken, die Lautstärke der Musik entspricht ab 2Uhr nachts mehr den Verhältnissen eines Clubs, als denen einer Speisegaststätte. Hier wird jede Nacht sprichwörtlich auf den Tischen getanzt. Die räumliche Lage kann zudem als günstig bezeichnet werden, da die Gaststätte am Luisen-Ring, an der Ecke zur für die Kneipenszene so wichtigen Jungbuschstraße liegt. So verhilft die räumliche Lage dem „Rhodos" zum Untertitel „Tor zum Jungbusch".

Die Jungbuschstrasse avanciert zur immer wichtiger werdenden Ausgeh-Meile der Mannheimer Ausgeh-Kultur. Die dort herrschende Kneipen-Struktur wurde über die Jahre zunehmend dichter, die Konkurrenz nimmt zu. Für jede Kneipe in der Jungbuschstraße lässt sich – in verkürzter Form dargestellt – ein Profil in Ausrichtung, Angebot und Besucher feststellen:

Das „Nelson" zielt auf junge, eher konservative Studenten ab, die sich vom ansonsten „wilden" Image des Jungbusch abgeschreckt fühlen mögen. Das „Nelson" könnte man als „Einsteigerkneipe" ins Nachtleben des Quartiers bezeichnen. Durch die montäglichen *Jam-Sessions*, die von Popakademie-Studenten organisiert werden, erfuhr die Lokalität in den letzten zwei Jahren eine gesteigerte Aufmerksamkeit auch über die Quartiersgrenzen hinaus.

Das „Cafga" hingegen spricht durch seine Öko- und Bio-Angebote mit entsprechenden Preisen eine eher ältere Klientel an. Das Interieur ist gehoben, ohne protzig zu sein. Junge Familien wie Intellektuelle tummeln sich hier in den tages- und frühen Abendstunden. Das „Cafga" schließt um 1Uhr und somit als erste Lokalität in der Jungbuschstrasse. Ausschweifende Feiern sind hier seltener zu beobachten. Das regelmäßige Jazz-Musik- und Kultur- Angebot unterstreicht die Kundschaft, die das „Cafga" anziehen soll.

Das „Blau" existiert seit Anfang der Neunziger und ist als traditionsreiche Herberge einer linken Subkultur zu bezeichnen. Zahlreiche Antifa-Aufkleber und die musikalische Ausrichtung zwischen Punk und Swing'n'Roll verdeutlichen dies.

Dem „Why not" schräg gegenüber haftet noch immer das Image einer Fetisch-Kneipe an, welches sich auch trotz Renovierung nach einem Brand und Besitzerwechsel hartnäckig hält, wenngleich die neuen Betreiber der Lokalität durch Mittagstischangebote und Popakademie *Jam-Sessions* versuchen, einen Image-Wechsel herbeizuführen.

Die „Onkel Otto Bar" bevorzugt augenscheinlich eine *poshe* Gäste-Kultur. Hauptsächlich BWL und Jura Studenten der Mannheimer Universität sowie junge Jobeinsteiger fühlen sich von der „Tür-Politik" und dem zwielichtig inszenierten Image des ehemaligen Strip-Clubs angezogen.

Ebenfalls von Studenten, Kreativen und Linken frequentiert, wird die Galerie „Strümpfe", die jedoch nicht ohne weiteres in diese Kneipen-Typologie eingereiht werden kann, weil sie de facto keine Kneipe ist – wenngleich sie als „Szene-Laden" gilt, abends geöffnet hat und Party-Gänger anzieht. Das „Strümpfe" ist formal gesehen tatsächlich eine Galerie (ohne Schankgenehmigung), die im Wohnzimmer des Besitzers zum Verweilen einlädt.

Anders als bei allen benannten Lokalitäten, fällt es im „Rhodos" deutlich schwerer bis unmöglich, eine Klientel zu benennen: vom Student bis Bewohner des nahegelegenen Männerwohnheims, vom angetrunkenen Geschäftsmann, alternden Prostituierten, Motorrad-Rock-Clubs, über C-Promis und Junggesellinnen-Abschiede – im „Rhodos" trifft alles aufeinander.

Ebenfalls unterscheidet sich das „Rhodos" durch die deutlich späteren Stoß- und Hoch-Zeiten. Vor 2Uhr noch spärlich besucht, füllt sich der Laden ab dieser Uhrzeit bis oft der letzte Winkel bevölkert ist und schließt nicht selten weit nach Morgengrauen.

Einem meiner Informanten zufolge, füllt das „Rhodos" durch seine langen Öffnungszeiten eine freie Lücke im Nachtleben nicht nur des Jungbusch, sondern der gesamten Innenstadt aus:

> „Du siehst, das ‚Rhodos' hat diese Funktion übernommen einfach. Da gibt's die Lücke: die Bars schließen zwischen 3 und 4Uhr, die Clubs [in der Innenstadt] schließen um 4Uhr und die Leute... ‚Ah. Hm. Ja. Wohin jetzt?' Und dann landen sie alle beim Griechen. [...] Ja, also ich meine, ich liebe den Laden, aber es ist halt einfach ein runtergerockter Grieche – und dann feiern sie da drin zu Jukebox-Sounds. Das ist auch lustig, aber es ist eigentlich andersrum betrachtet nur so, weil es diese Lücke gibt."

Diese „Versorgungs-Lücke" hinsichtlich des Verkaufs von Bier nach 4Uhr füllt neben dem „Rhodos" im Gebiet Jungbusch/Filsbach nur noch die in der Hafenstraße gelegene „ARAL"-Tankstelle sowie ein weniger gut besuchtes Lokal-Relikt aus alten Hafen-Zeiten namens „Ingos Oldie Kiste". Der Jungbusch wird somit zu einer der wenigen Anlaufstellen in Innenstadtnähe, wo Nachtschwärmer noch bis in die frühen Morgenstunden hinein Alkohol kaufen und weiterfeiern können.[24]

Ein Informant, der im Nachtleben des Jungbusch häufig zugegen ist, setzt dementsprechend „Rhodos" und „ARAL" in Verbindung zueinander und verdeutlicht deren exponierte Stellung:

> „Ja, die Aral-Tankstelle hat einfach 24Stunden offen, man kann, trotz dass man in Baden-Württemberg ist, nach 22h Alkohol kaufen, es ist zwar nur Bier, aber es ist ja vollkommen ok. [...] Also jeder gute Abend, also so sagt man des zumindest in meinen Kreisen, endet im ‚Rhodos'. Und das heißt, man geht dann meinetwegen ins „Blau" und später noch in die „Onkel Otto Bar" und ab 2h/3h geht man dann noch ins ‚Rhodos', um da dann noch mal was zu trinken, weil das ‚Rhodos' einfach eine einmalige und komplett anarchistische Stätte ist, die man so

---

24 Zu erklären durch den 2010 in Baden-Württemberg in Kraft getretenen § 3a des Gesetzes über die Ladenöffnung in Baden-Württemberg (BadWürttLadÖG), nach dem Kioske und Tankstellen, die über kein Bistro-Bereich verfügen, nach 22 Uhr keinen Alkohol mehr verkaufen dürfen.

nirgendwo anderes eigentlich finden kann und danach geht man eigentlich noch mal zur Blauen Lagune [ARAL-Tankstelle], um noch mal ein Kaffee und ein Brötchen zu holen und dann nach Hause zu gehen."

Mag es in Großstädten wie Berlin, Hamburg oder Köln normal sein, dass Kneipen oder Restaurants existieren, die bis in die frühen Morgenstunden geöffnet haben, so sind die Öffnungszeiten des „Rhodos" im Kontext der Mannheimer Ausgehkultur etwas Besonderes. Sie verhelfen dem Restaurant zu seiner Ausnahmestellung und dem durchmischten Publikum. Diese Rolle macht das Lokal zu einer Institution, die somit eine wichtige Funktion für den Standort Jungbusch als Ausgeh-Viertel erfüllt.

Doch noch ein weiterer Faktor macht das „Rhodos" *unique* und erklärt (von allen Informanten einhellig bestätigt) seine exponierte Stellung: der Wirt (vom Wirt selbst ebenfalls bestätigt).

Sakis Vater kommt 1958 nach Mannheim. Saki selbst wird in Mannheim geboren und wächst zunächst im Jungbusch auf. Die Familie wohnt nach Sakis Geburt noch in den Räumlichkeiten, die heute die Gaststätte „Rhodos" beherbergen. Als Saki sieben Jahre alt ist, zieht die Familie nach Lampertheim, wo er später auch sein Abitur macht. Anschließend beginnt er ein Jurastudium in Freiburg, welches er jedoch ohne Abschluss beendet.

Trotz des Umzugs nach Lampertheim, bleibt sein Lebensmittelpunkt im Jungbusch. Er durchläuft wie viele andere Migrantenkinder, deren Eltern in der Gastronomie tätig sind, einen typischen Werdegang: Die Gaststätte ist zunächst sein Spiel- und Wohnzimmer, im adoleszenten Alter hilft er als Servicekraft mit und übernimmt 2003 die Gaststätte seines Vaters. Saki steht heute (im Alter von 40 Jahren) sieben Tage (und Nächte) die Woche bis in die frühen Morgenstunden in seinem Lokal, obwohl er ob des Erfolg des „Rhodos"' problemlos weitere Service-Kräfte einstellen könnte. Die Präsenz des Wirtes gehört jedoch zu Sakis erklärter Philosophie und macht seines Erachtens Charme wie Erfolg des Ladens aus. Saki dirigiert seine Angestellten, wie Kunden, spricht die Sprachen aller Gäste, gleich welcher Herkunft und erklärt auf Anfrage auch gerne – und vor allem unterhaltsam – die Welt.

Er selbst lebt mit seiner eigenen Familie heute in einem beschaulichen Mannheimer Vorort. Wenige Leute kennen die Entwicklung des Stadtteils aus Bewohner- wie Akteursperspektive so gut, wie Saki. Auch die Entwicklung des Immobilienmarktes im Jungbusch ist ihm wohl bekannt, besitzt er zusammen mit seinem Bruder diverse, über die Jahre erworbenen Immobilien im Quartier. Dieser Erfahrungshorizont und sein Expertenwissen machten ihn zu einem unverzichtbaren Informanten für meine Forschungsarbeit sowie durch sein extrovertiertes Wesen zu einem überzeugenden Protagonisten meines Films.

Im Vorfeld der Dreharbeiten zum Film „Transnationalmannschaft" zeigte sich Saki ohne großes Zögern für ein Interview bereit. Ich kannte ihn bereits aus diversen Gesprächen und meinen privaten Aufenthalten im „Rhodos". Seine Performanz in unseren ersten Gesprächen verdeutlichte mir, dass er weder vor mir als Person, noch hinsichtlich meiner Projekte ‚Film' und ‚Forschungsarbeit' in der Lage, oder gewillt war, seine selbstinszenierte geschäftsmännische Art abzulegen. Durch seinen arbeitsbedingten Umgang mit den unterschiedlichsten Menschengruppen, hat Saki eine Chamäleon-ähnliche Fähigkeit, sich von „Bauernschlau" bis „Weltmann" zu präsentieren und anzupassen. Eine mir für die Arbeit essentiell erscheinende Nähe und vertraute Basis zu schaffen, erwies sich zunächst als schwierig. Saki begegnete meiner Person und meinen Fragen anfänglich mit einer Vorsicht, die ich als professionelle Skepsis beschreiben würde. Stets höflich verlor er nie das Bewusstsein für die Interessen und die Außendarstellung seiner Person und seines Lokals.

Der Kontakt zu ihm wurde mit der Zeit vertrauter und er erkannte vor allem über die Inszenierung des Lokals und seiner Person in „Transnationalmannschaft", dass ich keine negativen oder versteckten Absichten hegte. Fortan zeigte er sich in seinen Gesprächen offener, was mir für diese Arbeit unerlässliche Einblicke in die historische Entwicklung und momentane Situation des Jungbusch aus Sicht eines wichtigen Akteurs ermöglichte.

Als Gastronom und Hauseigentümer erfuhr Saki mit als Erster die Folgen des Strukturwandels aus unterschiedlichen Perspektiven. Der demographische Wandel, der mehr Studenten, Kreativschaffenden und ausgehwilligem Publikum ins Quartier brachte, spiegelt sich ebenfalls in einer Veränderung seiner Gäste- und Mieter-Struktur wider. So veränderten sich mit den neuen Gästen nicht nur die Einnahmen des „Rhodos", sondern auch die wirtschaftlich ertragreichen Wochentage. Saki befürwortet dementsprechend die städtischen Initiativen zur Aufwertung des Jungbusch sowie deren inhaltliche Ausrichtung. Er begründet diese Haltung wie folgt:

> „ich war der erste Befürworter, der gesagt hat, Popakademie, Musikpark: Jawoll!' Weil des für den Stadtteil ein neues Lebenselixier gebracht hat. Stichwort ‚Köhler' [Bundespräsident], ‚Oettinger' [Landesvater], die waren auch alle hier, sonst hat sich keiner interessiert für den Stadtteil. Nachdem diese Sache losging vor 6 Jahren, kam dann diese Lawine: ‚Oh, jetzt passiert was!' [...] Und ich hab gesagt, genau des war's! Genau war die Initialzündung für diesen Stadtteil, was uns allen zu Gute kommt. Allen Gewerbetreibenden, auch Menschen, die hier leben. Kohle wird auf einmal investiert, aus Dreckslöchern wurden irgendwelche Häuser gemacht usw. [...]"

Die Aussage lässt keinen Zweifel offen, dass Saki auf das Einsetzen eines *trickle down* -Effekts setzt und diesen im Laufe der letzten Jahre bereits positiv gespürt hat. Hierbei muss hervorgehoben werden, dass Saki aus der Perspektive des Gewerbetreibenden und Hauseigentümers argumentiert und die Situation nicht (mehr) aus Bewohnersicht beurteilt. Er betont die gesteigerte mediale Aufmerksamkeit, die dem Bezirk zuteil wird sowie die sich positiv veränderte Wahrnehmung der Öffentlichkeit. Seiner Meinung nach profitieren auch die Bewohner von der ‚Neuerfindung' des Quartiers.

Da Saki zusammen mit seinem Bruder diverse Immobilien im Jungbusch besitzt, kennt er die derzeitige Situation des „Immobilienmarkts-Jungbusch" gut. Er weiß um die historische Entwicklung des Quartiers und illustriert die veränderte Situation seit den letzten Jahren über folgende Aussage:

> „Früher hab ich bei Zeitungsinseraten für freiwerdende Wohnungen immer hinschreiben lassen: ‚Innenstadtnähe', um das ‚Jungbusch' zu vermeiden. Heute schreibe ich groß und fett zuerst ‚Jungbusch' rein. [...]."

Das *Label* ‚Jungbusch' wurde in früherer Zeit von ihm also eher umgangen, wohingegen er in der jetzigen Situation offensiv damit wirbt. Hieraus kann geschlussfolgert werden, dass die Marke ‚Jungbusch' in ihrem Wert – sowohl subjektiv, als auch wirtschaftlich – offensichtlich gestiegen ist. Diese Entwicklung kommt selbstverständlich den Interessen der Hauseigentümer entgegen, da sie sich auf eine Wertsteigerung der Immobilien überträgt. Auch diese Dynamik würde Saki auf Veränderungen zurückführen, für welche Strukturwandlungsprogramme impulsgebend waren. So erklärt er, dass nach der „Initialzündung" neue Immobilienspekulanten Häuser im Jungbusch kaufen würden.

> „Kaputte Burgen sind für Immobilienbesitzer sicherlich interessant oder für irgendwelche Investoren, die dann sagen: Wir gehen hierher, investieren was, können steuerlich was absetzten etc. Mag schon sein, dass der eine oder andere das Interesse hat hier zu kaufen. Jedoch sind die Immobilien plus/minus in festen Händen. Also ich weiß von was ich rede. [...] Weißt Du, auf ne gewisse Art und Weise machen Immobilienbesitzer natürlich auch Stadtteilpolitik. Es gibt eine große Handvoll Immobilien, die im Besitz der Stadt sind, dann gibt es sicherlich so 20-30% von Ausländern und 40% von ganz normalen Deutschen. Über die Jahrzehnte hat sich des so entwickelt, da gibt's jetzt keine riesen Veränderung.

Über diese Stellungnahme wird deutlich, dass der marode Zustand der Immobilien im Klima einer Stadtteilsubvention durchaus als Chance für Investitionen aufgefasst werden kann. Wenn er sagt „Immobilienbesitzer machen Stadtteilpolitik", so ist er, der Immobilienbesitzer, sich seiner Rolle als Akteur im Quartier wohl bewusst. Die aktuelle Aufteilung der Immobilien unter den von ihm genannten Gruppen deckt sich mit den Einschätzungen, die ich von Quartiersmanager Michael Scheuermann erfuhr. Dabei gilt zu beachten, dass die 40% „der ganz normalen Deutschen" hauptsächlich „alte Jungbuschler" sind, deren Immobilien nach ihrem Tod von Nachkommen oft meistbietend verkauft bzw. versteigert wurden. Saki vertritt die Auffassung, dass aktuell nur eine kleine Gruppe „von fünf oder sechs Parteien" mehrere Immobilien im Jungbusch besäßen. Seine Einschätzung, dass nur wenig mögliche Dynamik auf dem Markt zu beobachten sei („Jedoch sind die Immobilien plus/minus in festen Händen"), steht im Gegensatz zu Gesprächen, die ich im Zuge meiner Recherchen mit anderen Hauseigentümern führte. Diesen Aussagen zufolge träten innerhalb des Immobilienmarkts ‚Jungbusch' in den letzten Jahren verstärkt neue Akteure auf, die sich vor allem über Zwangsversteigerungen von Immobilien zutritt zum Markt verschaffen würden. Einer meiner Informanten, der seit Jahren selbst zahlreiche Immobilien im Jungbusch besitzt, behauptet sogar in einer Immobilienzeitschrift gelesen zu haben, dass der Jungbusch deutschlandweit das städtische Gebiet sei, welches Hauseigentümern und Investoren aktuell die höchste Rendite verspräche. Leider konnte besagter Informant keine Quelle für diese Aussage benennen. Von allen befragten Experten war einheitlich zu vernehmen, dass die Stadt Mannheim von ihrem

Vorkaufsrecht[25] bei solchen Versteigerungen auffallend selten bzw. nie Gebrauch mache.

Eine verhältnismäßig hohe Rendite scheint beim Kauf einer Immobilie im Jungbusch derzeit jedoch plausibel. Vergegenwärtigt man sich die soziale Marginalisierung des Quartiers in der Vergangenheit und den anhaltende Andrang von Neuimmigrierten, der auf niedrige Mietpreise und illegale Vermietungs-Praktiken schließen lässt und setzt diese Beobachtungen in Kombination zu städtischen Förderprogrammen und Sanierungsmaßnahmen, einer verstärkten Medienpräsenz und dem angestrebten Imagewandel des Quartiers, so mutet der Jungbusch durchaus als Gebiet an, in dem sich spekulative Investitionen rechnen könnten. Saki stellt dar, wie sich die öffentliche Wahrnehmung des Quartiers im Laufe der Zeit verändert:

> „[...] Ich kann Dir sagen, in den siebziger Jahren! Ich bin hier aufgewachsen, die ersten 6-7 Jahre meines Lebens. Es waren schöne Jahre, es waren bunte Jahre. Hier haben viele deutsche Arbeiterfamilien gelebt, gemixt mit Griechen, Türken, Italienern, Jugoslawen usw. Es war echt ein schönes Aufwachsen hier, obwohl viel Rotlicht war. Aber es waren trotzdem angenehme Jahre, es waren schöne Jahre. [...] Man denkt immer ‚ah Rotlicht, dirty etc.' wars net![...] Jetzt [heute] gibt es ein Revival. Dreißig, vierzig Jahre später. Wir haben bisschen 'ne Ghetto-Zeit mitgemacht, vieles is' ein bisschen eingefallen in dem Laden und jetzt haben die Leut' den Stadtteil wiederentdeckt, so diese Kieznummer. Früher sin'se abgehauen, weil die Toiletten aufm Flur waren, heut sagen'se: ‚oh schöne Stuckdecken, da ham=wa viel Platz.' Damals hat man's einfach hingeschmissen und heut kommt ma' wieder und entdeckt den Stadtteil neu. Klar, erst die Künstler, die Studies, usw.[...] in jeder großen Stadt gibt's irgendwo so'n Kiez, und des is' hier so was."

Sakis Aussage zu Folge vermischt sich das wiederentdeckte Interesse am Bezirk mit einer Mystifizierung der alten Rotlicht-Zeit. Der Satz: „in jeder großen Stadt gibt's irgendwie so'n Kiez, und des is' hier so was" verdeutlicht, dass Saki, ohne über Gentrifizierungstheorien informiert zu sein, hier ein klares Muster erkennt.

Diese Mystifizierung der alten Rotlicht-Zeit verleiht dem Nachtleben im Jungbusch eine Atmosphäre, die den Kiez-Charakter verstärkt und für viele Leute reizvoll macht. Als Sinnbild dieser Umfunktionierung des Raumes, welche die Rotlicht-Vergangenheit als Stilmittel instrumentalisiert, kann die „Onkel Otto Bar" angesehen werden. Sie liegt ebenfalls in der Jungbuschstraße, gegenüber des „Rhodos". Der alte Strip-Club wird heute als Bar geführt, die auf eine eher finanzkräftige Klientel setzt und sich, in rotem Licht gehalten, mit einer überzeichneten Strip-Club-Ästhetik selbst inszeniert. Die schick gekleidete Kundschaft erzeugt zur in Szene gesetzten Geschichte des Ortes einen Kontrast. Die vermeintlich geschichtliche Bürde wird zum Stilmittel umfunktioniert.

Saki beschreibt in seiner Ausführung klar, wer aus seiner Sicht die *Starter* dieses Wandels waren. Wie in der Literatur zu Gentrifizierungstheorien gängig, erwähnt

---

25 Dieses Vorkaufsrecht erklärt sich darüber, dass der Jungbusch offiziell als Sanierungsgebiet ausgewiesen ist.

auch er Künstler und Studenten. Er betont aber aus seiner Erfahrung als Vermieter heraus, dass sie den Jungusch eher als „Durchgangsviertel" auffassen würden:

> „Wenn ich jetzt hier ein junges Paar hab', während ihrer Studi-Zeit, finden die des immer geil hier. [...] In dem Moment, wo sie Kiddies kriegen, gehen die Probleme los. Die sagen dann: ‚Ah, ich will dann doch net [hier bleiben], weil ich Angst hab, dass mein Kind benachteiligt wird, weil des Tempo in dem Kindergarten, in der Schule nicht hoch genug ist'."

Seiner Aussage entsprechend bewerten Akademiker mit Kindern die Kontextfaktoren des Bezirks als ungünstig. Die Verhältnisse hinsichtlich Lautstärke und dem Niveau der Schulen, genügten nicht ihren Ansprüchen. Der Migrationsanteil der Jungbusch-Grundschule von über 90% kann exemplarisch für einen solch ungünstigen Faktor angesehen werden.

Obwohl Saki die positiven Effekte der städtisch initiierten Aufwertung in den letzen Jahren wahrscheinlich wie kaum ein anderer Akteur im Feld verspürt hat, sieht er den weiteren Verlauf dieser Entwicklung nicht als Selbstläufer. Die langjährigen Erfahrungen im Quartier während der Problemzeit, aber auch sein Einblick in die soziale Situation vieler Mieter, vermittelten mir den Eindruck, dass Saki die soziale Lage im Stadtteil als schicksalhaft wahrnimmt und einer fortwährenden Aufbesserung skeptisch gegenübersteht. So begrüßt er zwar die bisherigen, durch den Strukturwandel initiierten Veränderungen, glaubt aber nicht bedingungslos an deren Bestand oder gar an einen konsequenten demographischen Wandel im Viertel.

> „Es besteht trotzdem noch Handlungsbedarf. Weil wir sind jetzt einfach an so 'nem *Breakevenpoint*, wo jetzt einfach dran geblieben werden muss, um die Sache zu Ende zu führen und jetzt nicht zu *cutten* und zu sagen: Ok jetzt ham=ma gutgemacht und kein Geld mehr und jetzt scheißen wir drauf. des geht 'net, weil des is' ne halbe Sache dann. Es muss dann bis zum Ende geführt werden"

Wenngleich Saki den Vollzug des Stadtteil-Wandels fordert, so scheint ihm in den eigenen „Rhodos"-eigenen vier Wänden die explizite „Nicht-Wandlung" einen Vorteil zu verschaffen. Aus dem geschätzt 40 Jahre alten, stereotypen Interieurs eines griechischen Restaurants, das sich mit dem Flair von drei Spielautomaten und allerlei Andenken von Stammgästen vermischt, entsteht ein Ambiente, das keine Linie, kein stringentes Einrichtungskonzept verfolgt. Der Betrachter erhält den Eindruck, dass die Innenausstattung des Restaurants über die Jahre mitgewachsen ist. Gestrichen wurde das letzte Mal wahrscheinlich beim Einzug 1970, die Holzbänke müssten ebenfalls aus dieser Zeit stammen, lediglich der PVC-Boden ist neu.

> „Wir sind ein Laden für alle Leute: Studies, Schichtler, Punks, Schaffer etc. Des hier is' Realtiy TV. [...] Dieser Laden ist Heimat für ein Querschnitt der Gesellschaft. Die Leute machen daraus, was sie wollen. Es ist, was es ist [...] Ich hab' nie behauptet, dass wir'n Ambiente haben."

Auch wenn angenommen werden darf, dass der Wirt im Zuge des geführten Kamera-Interviews auch eine Form der Eigenwerbung für seine Gaststätte betreibt, so deckt sich seine Beschreibung mit meiner Beobachtung. Saki ist sich des „Nicht-Ambientes" des „Rhodos'" wohl bewusst und weiß gleichfalls genau, welche Vorteile sich daraus ergeben, einen Ort zu schaffen, der wenig Ansprüche an seine Gäste stellt, Raum für Individualität lässt und in dem die Besucher lediglich das gemeinsame Interesse des Geselligseins und Feierns vereint. Das „Rhodos" mutet in den späten Nachtstunden, bedingt durch seine nicht festgelegte Klientel, wie eine Art institutionalisierter, öffentlicher Raum an und war somit auch für die Untersuchungen zu meiner Magisterarbeit ein wichtiger Ort der Beobachtung.

Hier arbeiten keine Studenten auf Aushilfsbasis, wie man sie in der Gastronomie oft vorfindet, sondern ausschließlich Leute, die hier schon immer gearbeitet haben, allesamt Griechen. Das „Rhodos" ist als typisches Beispiel einer Gaststätte anzusehen, die von Charisma und nicht zuletzt vom Geschick und der Menschenkenntnis ihres Wirts lebt. So hat Saki seine Gäste fest im Blick und sorgt erklärtermaßen selbst dafür, dass sich hier auch die Studenten wohl fühlen können:

> „Weißte, als die Poppe kam, da hab ich die wirklich harten Alkis, die schon mittags vollgesoffen an meiner Bar hingen, nach und nach –sagen wir- ausm ‚Rhodos' rauskomplimentiert. [...] Des war mir klar, dass des 'net gepasst hätt. Klar, die Kreativen sind schon vielleicht tolerant, aber wenn jemand neben Dir stinkt, wie 'n Penner, weil er einer ist, dann kommt der Studi 'net mehr! [...] Da bin ich emotionslos, muss ich auch sein als Wirt. Als die Studis kamen, da musst ich das ‚Rhodos' 'n bissl aufhübschen in der Gästestruktur. Denkste, des passiert zufällig? Nee, das musste schon selbst machen. N' bissl Freaks sind für die Studis und die alle ok, aber zu hartes Leben und die jungen Leute, die denken, dass das, was sie hier sehen, schon *Outlaw-Charme* hat, des passt net! Ich pass da schon auf, dass da nix zu sehr knallt! Ich pass da auch generell auf, dass den Studis, diesen Zebras, hier nix passiert. Das merken die gar net."

Saki macht in dieser Aussage deutlich, dass die besondere Gäste-Melange im „Rhodos" kein Zufall ist. Als Wirt sorgt er dafür, dass das Kiezflair der Gaststätte erhalten bleibt, sein „gewachsenes/zufälliges" Ambiente (scheinbar) niemanden ausschließt und sich beispielsweise die Studenten trotzdem sicher fühlen können. Dies bewirkte unter anderem die partielle Verbannung von sozialen Härtefällen.

In der Gaststätte „Ingos Oldie Kiste", die ebenfalls lange Öffnungszeiten hat, zeigen sich im Gegensatz zum „Rhodos" deutlich weniger bis gar keine Studenten. Hier fehlt ein Wirt wie Saki, der die raue Klientel im entsprechenden Fall in seine Schranken weist und somit auf die Studenten „aufpasst". Dies hat zur Folge, dass „Ingos Oldie Kiste" als gefährlich wahrgenommen wird und als weniger einladend gilt.

Saki hat, bedingt durch seine griechische Herkunft, zudem Erfahrung mit der Realität von Migranten, die im Jungbusch aufgewachsen und sozialisiert sind.

> „Pass auf: ich bin'n Mannemer Griesch, des sagt schon alles! Und'n Mannemer-Türk is'n Mannemer-Türk, und Mannemer-Griesch is'n Mannemer-Griesch, der is hier aufgewachsen in

Mannem, der fühlt sich zu Hause in Mannem und wenn der auf griechisch oder auf türkisch sagt „Uffbasse", dann heißt des Uffbasse! Und des is Mannemerisch verstehst?!"

Dieses Zitat entstand auf die Frage hin, ob er sich eher als Grieche oder als Deutscher fühlt. Die Bezeichnung *„Mannemer-Griesch"* und *„Mannemer Türk"* drücken ähnlich wie bei Mucho eine Verschmelzung von nationaler und städtischer Identifikation aus. Formulierte Mucho diese Verschmelzung noch über eine „Nationalmannschaft Mannheim", so vollzieht Saki die gleiche Denkoption auf der Ebene des Individuums. Es zeigt sich also auch hier, dass im Bezug auf nationale Identität eine Dichotomie herrscht, die Saki ebenfalls über die zusätzliche Identifikation mit der Stadt Mannheim löst, um seinem Lebensmittelpunkt gerecht zu werden. Wir halten erneut fest, dass in der Wahrnehmung von Saki und Mucho nationale und städtische Identität kumulieren.

Mit dem Mannheimer Ausruf „Uffbasse!" [Pass auf!] verdeutlicht er seine Argumentation zusätzlich über den Identitätsmarker „Sprache". Obwohl Türken, Griechen, Italiener auch die Sprachen sprechen, in der ihre Eltern aufgewachsen sind, sprechen sie ebenso den Mannheimer Dialekt. Die transkulturelle Prägung des Raumes, die sich auch in diesem Beispiel über die Fusion von nationaler und städtischer Identifikation äußert, scheint aus seiner Sicht also ebenso auf dieser Ebene vorhanden. Durch die Existenz eines Mannheimer Dialekts, der nur von einer bestimmten Gruppe gesprochen wird, entsteht über Sprache ein Kollektiv, mit welchem man sich identifizieren kann, denn Sprache konstituiert in vielen Fällen eines der wichtigsten Merkmale von Gruppenidentität und ist ein besonders mächtiges Abgrenzungswerkzeug (Aydurmus 2009:36 nach Fenton 1999:9; Alex 2006:18; Hobsbawm 2004:65; Heinz 1993:105).

8.3 Nawal

*„Es ist schwer den Jungbusch zu verlassen,
wenn man da mal eingesaugt wurde!"*

Nawal ist zum Zeitpunkt des Interviews 21 Jahre alt und vor rund einem Jahr von Wolfenbüttel nach Mannheim gezogen. Grund für ihren Umzug war der Beginn einer Ausbildung an der *Popakademie Baden-Württemberg*, von der sie 2004 das erste Mal hörte. Als sie 2005 zu einem Informationstag der *Popakademie* nach Mannheim fuhr, war sie vom Jungbusch und der Institution so begeistert, dass sie im August 2010 die Chance ergriff eine Ausbildung zur „Kauffrau für audiovisuelle Medien" bei der *Popakademie*-eigenen Verwertungsagentur „Klinkt" zu beginnen.

Ich lernte Nawal über eine Freundin kurz nach dem Beginn ihrer Ausbildung kennen und traf sie später meist privat während der abendlichen Freizeit in Kneipen und auf Partys. Das Interview, auf dem die meisten der hier angeführten Zitate beruhen, führte ich mit ihr in meiner Küche. Sie betrat meine Wohnung dabei zum ersten Mal. Nach anfänglichem Fremdeln entstand ein offenes Gespräch.

Ich entschied mich für Nawal als Informantin, da ich zum einen die Einschätzung einer Frau bzw. eines jungen Mädchens hinsichtlich bestimmter Sicherheitsfragen im Jungbusch als wichtig empfand und sie zum anderen noch sehr jung aus einer deutschen Provinzstadt (Wolfenbüttel) in den Mannheimer Jungbusch zog. Die Perspektive einer Zugezogenen auf den Jungbusch, die explizit wegen der *Popakademie* nach Mannheim kam, repräsentiert einen bestimmten Typ Bewohner, der für die Demographie des Viertels prägend ist. Der ausschlaggebende Punkt für meine Befragung war zudem ihre von mir als hoch eingestufte Identifikation mit dem Umfeld der *Popakademie*. Nawal verbringt ihre Freizeit fast ausschließlich mit Studenten der *Popakademie* und teilt einen für diese Gruppe typischen Lebensstil. Sie verfügt als Mitarbeiterin/Auszubildende der Verwertungsagentur der *Popakademie* über ein Insiderwissen bezüglich deren Strukturen, Zahlen, Studieninhalten und Repräsentationspolitiken. Sie ist gut vernetzt und kennt fast alle Studenten und Mitarbeiter mit Namen. Dass Nawal einen Migrationshintergrund hat, da beide Eltern in Algerien geboren und aufgewachsen sind, spielte für meine Interview-Intention zunächst keine Rolle. Während des Gesprächs wurde jedoch deutlich, dass sie in ihrer Heimatstadt Wolfenbüttel aufgrund ihrer Hautfarbe und der Herkunft ihrer Eltern wiederholt Erfahrungen mit rassistischen Diskriminierungen machte. Sie gab im Laufe unseres Gesprächs wiederholt an, es als sehr angenehm zu empfinden, dass ihre Hautfarbe und Herkunft in Mannheim und speziell im Jungbusch in keiner Situation je mehr eine Rolle gespielt hätten. Meine Frage, ob sie dies nicht als generelles Phänomen von Großstädten werten würde, bejahte sie zunächst, beharrte dann aber auf ihrer Einschätzung, dass der Jungbusch diesbezüglich einen einmaligen Rahmen stellen würde.

> „In Mannheim ist es wirklich noch mal ganz anders, weil hier wirklich viele verschiedene Kulturen aufeinander treffen und eine neue Kultur einfach hier gebildet haben, im Jungbusch. Und da wird eigentlich alles und jeder akzeptiert, so wie er ist und so wie er aussieht."

Nawal bezeichnet die Art und Weise des gegenseitigen Umgangs und das von ihr empfundene Klima der gegenseitigen Akzeptanz im öffentlichen Raum als eigene Kultur, die sich im Jungbusch am stärksten offenbaren würde. Die Einschätzung Nawals, der zufolge sich eine „neuen Kultur" aus „vielen verschiedenen Kulturen" gebildet habe, kann auf einer theoretischen Ebene als die Kumulation verschiedener kultureller Ströme interpretiert werden. Ihre Aussage beschreibt den präsenten transkulturellen Charakter des Raums Jungbusch. Dieser Charakter erzeugt einen Rahmen, in dem Nawal nach ihrem Empfinden nicht mehr als ‚die Andere' wahrgenommen wird. Ihre Einschätzung kann auch auf grundlegenden Eigenschaften von „Großstadt" (nach Wirth 1938 „Dichte, Größe und innere Heterogenität") zurückgeführt werden. Diese Eigenschaften implizieren ein typisches Charakteristikum von Großstädten, wonach hier nicht nur ‚das Eigene' sondern auch ‚das Andere' offen zu

Tage tritt (Kaschuba 2010:64). Dies manifestiert sich in den Quartieren Jungbusch und Filsbach insbesondere über den Faktor ‚innere Herterogenität'.
Drei Tage nach unserem Interview zog Nawal von der Neckarstadt in den Jungbusch. Als Grund für den Umzug gibt sie an:

> „[...] dass sich mein ganzes Leben im Jungbusch abspielt. Ich arbeite im Musikpark und die Popakademie selbst ist ja auch im Jungbusch und alles was drum herum passiert, passiert eigentlich alles im Jungbusch. [...] Alle wohnen im Jungbusch. Wenn man wen besucht, ist es im Jungbusch. Und wenn man dann außerhalb des Jungbuschs wohnt, dann ist es eigentlich eher unangenehm. Also, ich wollte den Jungbusch [wenn ich da war] eigentlich nie verlassen [...] Und da ich früher ja in der Neckarstadt gewohnt habe, musste ich danach immer noch zurück, und ich wollte meistens nicht, weil ich bis 1h oder 2h dann noch irgendwie unterwegs war [...] Und am nächsten Tag werde ich wach und gehe wieder in den Jungbusch, und das jeden Tag. [...] Und das Leben spielt sich eigentlich gar nicht zu Hause ab, sondern nur im Jungbusch und deshalb kam für mich irgendwann der Punkt: Da muss irgendwie ne Änderung her."

Da sich die Relevanzbereiche „Arbeit" und „Freizeit" bei Nawal auf den Raum Jungbusch konzentrierten, erschien ihr auch die Verlagerung des Relevanzbereiches „Wohnen" in den Jungbusch als sinnvoll. Anders formuliert: sie wählt den Jungbusch als Ort, an dem sich die meisten ihre Zugänge zum Leben in der Stadt (siehe: *diversity of access*) bündeln. Die Aussage verdeutlicht also: ihr Lebensmittelpunkt liegt im Jungbusch.

Die Aussage lässt zudem darauf schließen, dass dies bei vielen Studenten der *Popakademie* und vielen Kreativen ähnlich einzuschätzen ist.

> „Die Studenten wohnen eigentlich fast alle im Jungbusch, hauptsächlich sogar. Gerade auch weil sich im Jungbusch sehr viel abspielt, um die Popakademie herum, was musikalisch auch einfach von den Studenten entwickelt wurde[...] Es ist schwer den Jungbusch zu verlassen, wenn man da mal eingesaugt wurde."

Die von ihr als „einsaugen" beschriebene Dynamik zeigt, dass der Jungbusch der Gruppe der Studenten und Kreativen ermöglicht, die Relevanzbereiche ‚Arbeit', ‚Freizeit' und ‚Wohnen' an einem Ort zu vereinen. Ihre ähnlichen Erwartungshaltungen an Stadtraum, der eben diese Relevanzbereiche des Lebens in sich vereinen muss, bringen mich dazu, sie als Gruppe aufzufassen. Es besteht für sie im Jungbusch in den Bereichen ‚Arbeit', ‚Freizeit' und ‚Wohnen' demnach ein Angebot, das so attraktiv scheint, dass der Schritt aus dem Stadtteil heraus nicht notwendig wird. Die gegenseitige Vernetzung auf privater und beruflicher Ebene verstärkt dieses Empfinden.

Vor dem Hintergrund dieser Betrachtungsweise möchte ich an die Aussagen des Beauftragten für Kultur- und Kreativwirtschaften der Stadt Mannheim, Sebastian Dresel, erinnern, der ein wesentliches Charakteristikum der „Individuen basierten Kreativwirtschaften" darüber beschreibt, dass sie „von einem sehr, sehr engen Verhältnis von Arbeits- und Lebenswelt [geprägt sind]". Auf die ebenfalls in einem kreativwirtschaftlichen Unternehmen tätige Informantin Nawal trifft diese Beschreibung zu und bewirkte als Konsequenz sogar die Verlagerung ihres Wohnorts in den Raum, in dem sie arbeitet und ihre Freizeit verbringt. Nawal beschreibt beispielsweise, dass es für ihre Arbeit in der Verwertungsagentur der *Popakademie* wichtig sei, einen Großteil der im Jungbusch stattfindenden Konzerte zu besuchen, um mit Musikern Kontakt aufzunehmen und sich ein Bild ihres künstlerischen Profils zu verschaffen. Sie fügt gleichzeitig hinzu, dass sich diese Aufgabe auch mit ihren privaten Freizeitinteressen überschneide. Das von Dresel aufgeführte enge Verhältnis von Arbeits- und Lebenswelt, kann über die Motivation für Nawals Umzug in den Jungbusch exemplarisch sehr gut illustriert werden.

Trotz ihres Migrationshintergrunds hat Nawal keinerlei Kontakt zu Leuten aus den türkischen, bulgarischen oder italienischen *Communities*, die vor allem tagsüber auf den öffentlichen Plätzen im Jungbusch sehr präsent sind. Sie umgibt sich fast ausschließlich mit Menschen, die beruflich oder privat dem Umfeld der *Popakademie* nahe stehen oder in einem kreativwirtschaftlichen Bereich tätig sind.

Ein großes Thema innerhalb der im Stadtteil geführten Diskussionen dreht sich um den Lärmpegel bei Nacht. Diese Einschätzung geht zum einen aus den bereits aufgeführten Aussagen des Quartiersmanagers Michael Scheuermann hervor, zum anderen wurde dies in diversen Expertengespräch deutlich, unter anderem mit Sebastian Dresel, der die Förderung der im Jungbusch ansässigen Gastronomen aus wirtschaftlichen Aspekten, als Teil seiner Arbeit als Beauftragter für Kultur- und Kreativwirtschaften, auffasst. Im Verhältnis zu anderen Stadtteilen ist der Lärmpegel im Quartier jedoch nicht nur nachts, sondern – bedingt durch die starke Bevölkerung des öffentlichen Raums – auch tagsüber erhöht. Meine Informantin Nawal beschreibt den „Lärm-Zustand" im Jungbusch wie folgt:

> „Es ist kein unangenehmer Lärm. Es sind Leute, die sich unterhalten, gerade in der Beilstraße hört man durchgängig Kinder schreien, Familien oder Männer, die draußen stehen, sich unterhalten und diskutieren [...]Und generell wird das Leben eher auf der Straße verbracht, als zu Hause und das ist halt so ein Grundlärm, keine störenden Geräusche, aber es ist halt so eine Grundlautstärke, die dann so ab 10h los geht und abends um 22h aufhört. Und ab 22h oder sogar schon vorher beginnt halt dann eigentlich das Volk, das dann abends ausgeht. Da gibt's das „Blau", es gibt das „Cafga", da gibt's regelmäßig Konzerte, es gibt das „Nelson", da gibt's auch regelmäßig Konzerte. Man hat in den „Strümpfen" immer Leute, die draußen stehen auf den Straßen, rauchen was trinken und immer ne Grundlautstärke halt, die dann für mich als Lärm empfunden wird."

Nawal beschreibt treffend, warum im öffentlichen Raum des Jungbusch ein stetig hoher Lärmpegel herrscht. Die hauptsächlich migrantische Wohnbevölkerung beschallt den öffentlichen Raum tagsüber und der Betrieb in den Gaststätten sorgt für einen erhöhten Lärmpegel bei Nacht. Dass sich die von Nawal beschriebene kleine Kneipenszene mit Konzertveranstaltungen gerade im Jungbusch etabliert hat, ist kein Zufall. Sebastian Dresel erklärt im Folgenden, warum die Ansiedlung von Gastronomie in Gebieten mit einem allgemein höheren Lärmpegel aus seiner Sicht plausibel erscheint:

> „Dort eine Gastronomie dazuzusetzen, wo dann auch sowieso schon Leute draußen hocken, ist dementsprechend viel unproblematischer [...] Ob jetzt der Gesprächslärm von denjenigen kommt, weil sie nicht im Wohnzimmer sitzen oder von denjenigen kommt, die da sitzen um Bier und Kaffee zu trinken, ist mal vollkommen egal, das heißt: Die Lärmtoleranz, die ist eine Lebenstoleranz. [...]. Das öffentlicher Raum da [in einer internationalisierten Gesellschaft] anders definiert wird, das Lebensraum auch anders definiert wird, das Stadt nicht mehr reine Nutzfläche ist, im Sinne von: Da geh ich hin um einzukaufen, sondern: da geh ich hin, um auch einfach nur zu sein, um rumzuhocken. Da ändert sich deutsche Gesellschaft, und die Gastronomie ist am ehesten da aufgehoben wo es schon so ist."

Dresels Argument ist klar: Eine Belebung des öffentlichen Raums durch Gastronomie in den Abend- und Nachtstunden macht dort am ehesten Sinn, wo die starke Belebung des öffentlichen Raums bei Tag auf eine allgemein höhere Lärm- oder, wie er es formuliert, größere „Lebenstoleranz" schließen lässt.

Nawal fühlt sich im Jungbusch sicher und gibt an, dass sie bei ihren nächtlichen Heimwegen in die Neckarstadt fast nie Angst habe. In einer Karte markierte sie auf meine explizite Nachfrage hin jedoch Straßen, die sie nachts versucht, eher zu umgehen. Darunter fielen im Jungbusch die Böckstraße, die Neckarvorlandstraße, die Holz-, Seiler- und die Schanzenstraße. Innerhalb der Filsbach-Quadrate versucht sie sich nachts immer entlang der sogenannten „Dönerstraße" zwischen den G- und H-Quadraten zu bewegen.

> „Also schlechtere Erfahrungen hab ich in der Neckarstadt gemacht. Aber im Jungbusch: Da ist nachts relativ viel los, was aber auch wirklich angenehm ist, weil: da passiert nichts. Da kann gar nicht viel passieren, weil ich fühl mich immer sicher von Leuten umgeben, da ist relativ klar, dass da nichts passieren wird. Also das ist mir relativ klar."

Die Belebung im öffentlichen Raum Jungbusch wird von Nawal nachts als schützend empfunden. Sie bemüht an dieser Stelle keine weitere Differenzierung, wer sich hier nachts aufhält oder wessen Anwesenheit sie als schützend empfindet. Allein die Tatsache – dass sich auf Straße und Plätzen Menschen aufhalten – wird von ihr als schützend wahrgenommen. Auch die „Dönerstraße", die auf ihren nächtlichen Heimwegen durch die Filsbach von ihr bevorzugt wird, kann als die Straße der Filsbach angesehen werden, die bei Nacht am stärksten frequentiert ist. Gleichzeitig fällt jedoch auf: die Straßen, die Nawal meidet, sind die am wenigsten beleuchteten Straßen der Quartiere.

Nawal macht in den Gesprächen immer wieder deutlich, wie wohl sie sich im Jungbusch fühle und wie glücklich sie über ihre derzeitige Lebenssituation sei, im Umfeld der *Popakademie* zu arbeiten. Dies wird zusätzlich durch ihre hohe Partizipation am Nachtleben des Stadtteils deutlich.

Auf die Frage, wie sie sich ihre Perspektive im Jungbusch vorstelle und was für sie persönlich ein Grund sein könnte, aus dem Quartier wieder auszuziehen, entgegnete sie:

„[...]bisher habe ich eigentlich für mich beschlossen in Mannheim zu bleiben, auch in der Zukunft. Ein Grund ausm Jungbusch wegzuziehen? Das wäre wahrscheinlich erst, wenn ich bereit bin, 'ne Familie zu gründen. Also mit meiner Familie würde ich nicht im Jungbusch bleiben. Also sobald ich schwanger wäre oder ein Kind kriegen würde, dann würde ich den Jungbusch verlassen. [...] und zweitens ist es so, dass der Jungbusch für mich eigentlich ne Übergangsphase ist. Also es unterstreicht jetzt auch mein junges Alter [...] Es gibt viele Attraktionen, die man mitnehmen kann und ab nem gewissen Alter wird's glaub ich zu laut und zu wild und zu bunt im Jungbusch und wenn man Ruhe braucht, generell, dann muss man von dem ganzen ein bisschen Abstand nehmen."

In dieser Aussage finden wir die Beobachtung von Saki bestätigt, dass die meisten Studenten aus dem Jungbusch ausziehen würden, sobald sie ernsthaft über Familienplanung nachdenken. Gründe, die das Quartier für sie zunächst interessant machten, wie die hohe Lärmtoleranz oder das hiesige Freizeitangebot, werden bereits in Bezugnahme auf diese rein hypothetische Lebenssituation als kritisch wahrgenommen. Die Aussage verdeutlicht damit, dass der Jungbusch auch für Nawal bei aller Sympathie für das Quartier als „Durchgangsviertel" angesehen wird, in dem sie sich keine Zukunft (als Mutter) vorstellen kann.

Bezieht man nun die Annahme mit ein, dass die Arbeitsbedingungen des Kreativwirtschaftssektors, in welcher sich Arbeits- und Lebenswelt vermischen, Familienplanungen per se erschweren, wenn nicht gar ausschließen (Bröckling 2010)[26], lässt sich die Vorstellung aufrechterhalten, dass Selbstständige aus diesen Branchen auch weiterhin im Jungbusch bleiben und auch zukünftig, gemäß meiner eingangs formulierten These, ein Interesse an einer nachhaltigen Aufwertung (mit Fokus auf Kreativwirtschaft/Wohnen/Freizeit) des Quartiers haben könnten. Der Jungbusch wäre demnach auch auf längere Sicht ein Raum, der die Relevanzbereiche ‚Arbeit', ‚Freizeit' und ‚Wohnen' auf sich vereint und folglich kein „Durchgangsviertel". Dieser Annahme zu Folge würde Nawal keine Familie gründen, weil dies mit den Anforderungen einer Karriere im Kreativwirtschaftssektor nicht vereinbar wäre. Als Folge dessen könnte sie auch weiterhin im Jungbusch wohnhaft bleiben. Sie wäre als Bewohnerin auch zukünftig eine Befürworterin der Implikationen des Strukturwandels und der Aufwertung des Wirtschaftsstandorts Jungbusch.

---

26 Ulrich Bröckling geht in dem mit ihm geführten Interview von der These aus, dass Tätige aus den Kreativwirtschaften in der Regel keine Familien haben. Er begründet dies unter anderem mit der Vermischung von Arbeits- und Lebenswelt, die „oft nichts anderes [bedeutet], als gar keinen Feierabend mehr zu haben" (ebd.).

9 Schlussbetrachtung

In dieser Arbeit wurden Aufwertungsprozesse, wirtschaftliche Entwicklungen und Identifikationsmuster in den Mannheimer Stadt-Räumen Jungbusch und Filsbach untersucht, die auf Grund ihres transkulturellen Hintergrundes, der für die Identifikation von Migranten und die Ansiedlung von migrantischen Unternehmen eine besondere Rolle spielt, als Untersuchungsfeld ausgewählt wurden.

Über die Erläuterung von theoretischen Überlegungen zu ‚Kultur', ‚Raum' und ‚Gentrifizierung', wurde im ersten Teil dieser Arbeit der Rahmen für die spätere Analyse aufgezeigt.

Daran anknüpfend wurde eine Beschreibung der demographischen Auffälligkeiten und der wirtschaftlichen Nutzung in beiden Quartieren thematisiert. Fokussierte die Arbeit hinsichtlich des Jungbusch die Nutzung des Raumes durch die Kreativwirtschaften sowie die Intentionen und Auswirkungen des Strukturwandels, stellte sie bezogen auf die Filsbach die hiesige Gewerbestruktur und die Charakteristiken des Einzelhandels dar.

Die zurückliegenden Ausführungen zu den wirtschaftlichen, sozialräumlichen und wahrgenommen Lebenswelten im Feld Jungbusch/Filsbach machen deutlich: im Feld laufen auf einer kleinen stadträumlichen Fläche eine Vielzahl von Entwicklungen zeitgleich ab. Der florierende Einzelhandel, die städtisch subventionierten Eingriffe in die Wirtschaftsstruktur, eine aufkommende *Trendification* und der damit einhergehende demographische Wandel sowie die partiell zu verzeichnende Armut sind Variabeln, die diese Entwicklungen prägen.

Die sich auf wirtschaftlicher Ebene unterscheidenden, herrschenden Rahmenbedingungen in den untersuchten Stadtteilen (Filsbach = migrantischer Einzehandel, Jungbusch = Kreativwirtschaft und Gastronomie) bedingten unterschiedliche methodische Ansätze.

Ausgehend von der These, dass nur diejenigen Akteure (Bewohner und Unternehmen) eine nachhaltige Aufwertung des Raumes erwirken können, die einen längerfristigen Verbleib anstreben, stellte sich die Frage nach den Nutznießern der jeweiligen Rahmenbedingungen.

Im Falle der Filsbach ließ sich feststellen, dass der florierende Einzelhandel mit seiner Sogwirkung für Konsumenten, vor allem weitere migrantische Unternehmer anzieht. Diese Händler haben in der Vergangenheit die wirtschaftliche Wahrnehmung des Quartiers enorm gesteigert und mit Privatinvestitionen zu einer nachhaltigen Aufwertung beigetragen. Diese nachhaltige Aufwertung versteht sich als eine Aufbesserung des Wirtschaftsstandorts, die vermutlich auch zukünftig neue Unternehmen und Konsumenten in dieses Viertel ziehen wird. Ausgehend von Marc Augés (1995) Überlegungen zu Nicht-Orten, die sich auf die Gleichförmigkeit und

"Seelenlosigkeit" deutscher Fußgängerzonen übertragen lassen, kann dieses migrantische Einkaufszentrum im Herzen der Stadt, mit seinen vielen kleinen Läden und seiner kulturellen Vielfalt, seitens der Stadt Mannheim als *unique selling point* für das städtische Marketing aufgefasst werden. Die innere Diversität des Erscheinungsbilds, wie des Angebots in diesem Quartier, muss von Seiten des Stadtmarketings klar als Chance gewertet werden.

Die Ausführungen ergaben darüber hinaus, dass die Filsbach hinsichtlich ihrer wirtschaftlichen Nutzung unterteilt ist. Der an die „Breite Straße" angrenzende Bereich der Quadrate „1" bis „5" wird vom migrantischen Einzelhandel dominiert, der Teil der Filsbach, der durch die Quadrate „6" und „7" gekennzeichnet ist, gleicht durch seine Mischnutzung von Kreativwirtschaftlern, Gastronomie und Wohnraum eher dem Quartier Jungbusch. Es wurde festgestellt, dass Areale, die sich aus dieser wirtschaftlichen Raumnutzung heraus abzeichnen, über die Bezirksgrenzen hinweg verlaufen.

Die Situation im Jungbusch ist hinsichtlich der parallel stattfindenden Entwicklungen komplexer als die der Filsbach. Die städtisch initiierte Aufwertung, die die wirtschaftliche Nutzung des Gebiets neu definiert und deren Umsetzung bislang noch nicht abgeschlossen ist, begründet den herrschenden *top-down* Wandel. Der wirtschaftlichen Umfunktionierung des Quartiers, hin zu mehr kreativwirtschaftlichen Betrieben und Gastronomien, folgt zudem ein demographischer Wandel. Dieser wird von Studenten, Künstlern und in jüngster Zeit auch von einer kleinen Gruppe Besserverdienender bestimmt.

Gleichzeitig bleibt der Jungbusch sozialer Brennpunkt und ist hinsichtlich seiner Demographie anhaltend von vielen Migranten und Geringverdienern bestimmt. Durch illegale Vermietungspraktiken, ein niedriges Bildungsniveau und verstärkte Arbeitslosigkeit entstehen soziale Missstände, welche die Lebenswelt Jungbusch gleichfalls prägen. Der seit 2008 verstärkt stattfindende Zuzug von Menschen aus Ost-Europa überfordert das Stadtquartier aktuell in vielerlei Hinsicht.

Der Jungbusch offenbart demnach viele parallel zueinander existierende Realitäten:

Für Investoren und Geldanleger ist er ein Gebiet, in dem der Erwerb einer Immobilie rentabel erscheint. Für knapp 600 neu immigrierte Bulgaren ist er der „Ankunfts-Hafen" im fremden Deutschland. Für Kreativwirtschaftler und Studenten der *Popakademie* ist er der Ort, an dem sich Lebens- und Arbeitswelt vereinen lassen. Für Nachtschwärmer und Studenten wird er durch seine Ausgehmöglichkeiten zur abendlich/nächtlichen Spielwiese und für viele hier lebende Geringverdiener und Menschen mit Migrationshintergrund ist er seit Jahren schlicht der Ort ihrer Heimat.

Aus diesen unterschiedlichen Rezeptionsweisen leiten sich folglich idealtypische Vorstellungen von Aufwertung ab. Jede Rezeptionsweise profitiert und identifiziert sich mit unterschiedlichen Eigenschaften des Raums Jungbusch. Für Immobilen-Besitzer, Hauseigentümer und Spekulanten ist dies die städtisch subventionierte Sanierung eines ehemals sozial marginalisierten Bezirks mit dem ein Imagewechsel verbunden ist. Für Nacht-Aktive und Kreative ist es das Klima der Lärm- bzw. „Lebens-"Toleranz im öffentlichen Raum, der mit niedrigen Mieten und nächtlichen Ausgehmöglichkeiten in Verbindung steht. Neuimmigrierte und Geringverdiener profitieren von der negativen ökonomischen Wahrnehmung und der sozialen Marginalisierung des Quartiers in der Vergangenheit, die bis heute zu (noch) niedrigen Mietpreisen führt. Neuimmigrierte wie Bewohner mit Migrationshintergrund profitieren von den lokal verorteten, sozialen Netzwerken ihrer (nationalen) *Communities* sowie vom sehr präsenten transkulturellen Gepräge des Raums. Dieses ermöglicht ihnen, ihre nationale Identität nicht verleugnen oder aufgeben zu müssen und den Jungbusch bzw. Mannheim trotzdem als ihre Heimat anzusehen, womit sie ihrer alltäglichen Lebenswelt gerecht werden können.

Für die Aufwertung im Gebiet Jungbusch lässt sich demnach festhalten, dass sich der Bezirk aktuell in einer Umbruchphase befindet, aus welcher interessensübergreifende Diskussionen über die Art und Weise der Aufwertungsmaßnahmen entstehen.

Die Informanten Mucho, Saki und Nawal machen über die Darstellung ihrer Perspektiven in den Fallbeispielen exemplarisch deutlich, welche Präferenzen hierbei berücksichtigt werden müssen.

Mucho ist hier geboren und sieht den Jungbusch als seine Heimat an, zu der er eine starke emotionale Bindung hat. Diese Bindung lebt aufgrund seiner ausgeprägten nationalen Identität in hohem Maße vom transkulturellen Charakter des Raums.

Saki profitiert als Gewerbetreibender und Hauseigentümer von der wirtschaftlichen Förderung des Standorts, dem angestrebten Imagewechsel und einer daraus resultierenden Wertsteigerung seiner Immobilien.

Nawal identifiziert sich mit den Arbeits- und Lebensweisen einer Subkultur von Kreativwirtschaftlern und Studenten, die sich hier im Zuge des Strukturwandels angesiedelt haben und die es aus der Logik des Strukturwandels heraus im Quartier zu halten gilt.

Es zeigte sich, dass eine *top-down* initiierte Aufwertung – die in der massiven Vernachlässigung des Stadtquartiers in der Vergangenheit ihre Ursache findet – Umbrüche bewirkt, die innerhalb der Bewohnerschaft kritisch wahrgenommen wird und verstärkt zu Diskussionen führt.

Im Gegensatz hierzu erscheint die allmähliche Aufwertung der Filsbach für Bewohner und Unternehmer einen gesunden, weil gleichmäßigen Verlauf genommen zu haben. Zwar wurden in diesem Fall im Laufe der achtziger Jahre ebenso Sanierungsprojekte gefördert, doch ging die damit verbundene Aufwertung schrittweise von statten. Zudem hatten besagte Sanierungsprojekte weder zum Ziel noch zur Folge, neue Akteure mit stadtteilfremder, wirtschaftlicher Ausrichtung in das Quartier zu ziehen, was Interessens- und Zielkonflikte von Vornherein vermied.

9.1 Ausblick

Da eine zusätzliche Daten-Erhebung der quantitativen Gewerbestruktur im Raum Jungbusch den Rahmen dieser Arbeit gesprengt hätte, würde sich dies zur Kontrastierung meiner Untersuchungen im Raum Filsbach nachträglich anbieten.

Des Weiteren wäre eine erneute, zeitlich verzögerte Erhebung von quantitativen Daten im Gebiet Filsbach hilfreich, um die Entwicklung des Einzelhandels in diesem Gebiet einer Beobachtung auf längere Sicht zu unterziehen.

Es kann im Hinblick auf die zukünftige Entwicklung der Filsbach davon ausgegangen werden, dass sich Ruf und Anziehungskraft dieses Quartiers weiter erhöhen werden. Die positive ökonomische Wahrnehmung dieses Gebiets wird demnach weiter anwachsen. Es zeichnet sich zum jetzigen Augenblick bereits ab, dass sich das migrantisch geprägte Wirtschafts-Areal nicht weiter Richtung Jungbusch ausdehnen, sondern, auf die andere Seite der „Breiten Straße", in die östliche Unterstadt expandieren wird. Im Zuge dieser Entwicklung würde auch die gesamte Fußgängerzone „Breite Straße" in Richtung Neckartor zukünftig stärker durch migrantisches Gewerbe geprägt werden. Diese Entwicklung wäre als positiv einzustufen, würde sie doch die eher mäßig prosperierend anmutende „Breite Straße" in ihrer Wahrnehmung aufwerten. Der in die Fußgängerzone wandernde migrantische Einzelhandel würde zudem über sein Erscheinungsbild wie über sein Angebot eine Alternative zu den ansonsten von Franchise-Unternehmen geprägten deutschen Fußgängerzonen darstellen.

Diese Prognose bedingt im Gegenzug, dass die Filsbach-Quadrate „6" und „7", die aktuell eher der wirtschaftlichen Raumnutzung des Jungbusch ähneln (siehe *Kapitel 6.9*), auch weiterhin von Gastronomien so wie von Kultur- und Kreativwirtschaften geprägt bleiben. Dieser an den Jungbusch angrenzenden Teil der Filsbach – den ich hiermit zum „Filsbusch" erkläre – scheint geradezu prädestiniert, um in die Pläne zur räumlichen städtische Förderung der Gastronomie und der Kreativwirtschaften im Jungbusch aufgenommen zu werden. Jungbusch und „Filsbusch" aus Förder-Perspektive als Einheit aufzufassen, wäre aus Sicht der Gastronomen und Gewerbetreibenden eine weitere Aufwertung, die eine höhere Strahlkraft als Ausgeh- und Kreativ-Viertel implizieren würde. Signalwirkung hätte in der Praxis beispielsweise die Einbindung der verlängerten Jungbusch-Straße zwischen den G- und H-Quadraten in eine kulturelle Großveranstaltung wie den „Nachtwandel"[27].

Eine Schlüsselrolle kommt bei diesen Überlegungen dem Luisen-Ring zu. Würde man durch eine Änderung der Verkehrsführung (beispielsweise in den Untergrund) oder durch eine andere bauliche Maßnahme erreichen, beide Quartiere auf Höhe der Jungbuschstraße (wieder) zu verbinden, so könnte dies die wirtschaftliche

---

27 Der Nachtwandel ist ein medial viel beachtetes, zweitägiges interkuluturelles Stadtteilfest, welches einmal jährlich im Bezirk Jungbusch stattfindet und letztes Jahr über 24.000 Besucher verzeichnete.

Belebung beider Bereiche zur Folge haben. Der Jungbusch würde darüber hinaus aus seiner räumlichen Insel-Lage befreit. Die wirtschaftliche Revitalisierung des Luisen-Rings wäre eine zusätzliche Folge.

Neben der wirtschaftlichen Situation bleiben die soziale Frage und die Zukunftsprognose des Jungbusch ein entscheidendes Thema.

Der strukturelle Umbruch im Jungbusch erzeugt eine Meinungsfront, die die Interessen von Förderern sowie Selbstständigen der Kreativwirtschaften und Gastronomen, den Interessen von langjährigen Bewohnern und Sozial-Engagierten gegenüberstellt.

Diese Front ist auf ein Kommunikationsdefizit zurückzuführen, durch das Intentionen, Chancen und Umsetzungen der Förderprogramme zum Strukturwandel, der Bevölkerung nicht entsprechend vermittelt wurden. Im Gegenzug wurde es (meiner Recherche nach) versäumt, kreativwirtschaftliche Institutionen wie die *Popakademie Baden-Württemberg* oder das Existenzgründerzentrum *Musikpark Mannheim* zu einer gesellschaftlichen Verantwortung gegenüber des Stadtteils bindend zu verpflichten, dessen Realität und Demographie sich durch ihre Präsenz massiv verändert hat. Zwar steht beispielsweise die Pflege der Stadtteil-Kultur-Arbeit in den Förderrichtlinien des 2010 aus EFRE-RWB[28]-Mitteln finanzierten *Clustermanagements Musikwirtschaft*, welches im Jungbusch ansässig ist und die Musik-Wirtschaftsförderung der Stadt Mannheim gezielt zum Auftrag hat, doch bleiben Maßnahmen und erwünschte Ziele unbenannt, was eine bindende Pflicht durch alleiniges „Bemühen" ersetzen könnte.

Fragen betreffend der Nutzung von öffentlichem Raum, die mit einer finanziellen Bezuschussungen in Verbindung stehen, sind im aktuellen quartiers-interen Diskurs hoch umstritten. Zudem ist beobachtbar, dass sich auf beiden Seiten regelrechte Feindbilder abzuzeichnen scheinen, die auf kommende Vermittlungs- und Kommunikationsabläufe hinderlich wirken könnten. Bezeichnenderweise existiert in diesem Interessenkonflikt kaum ein Akteur, der sich nicht klar einer der beiden Seiten zuordnen ließe. Ein in dieser Situation dringend benötigter Moderator oder ein institutionalisiertes Forum zum Meinungsaustausch und zur Vermittlungsarbeit fehlt. Es ist nicht auszuschließen, dass sich die bislang rein politisch geführte Konfrontation im Quartier weiter verschärft.

Eine Vermittlung der beiden Interessenslager ist jedoch zwingend erforderlich. Wie meine Ausführungen zeigen, ist der weitere Erhalt des sehr präsenten transkulturellen Gepräges im Feld notwendig, damit sich die größtenteils migrantische Wohnbevölkerung hier weiter „zu Hause" fühlen kann. Ebenso ist die anhaltende Förderung der Kreativwirtschaften in diesem Raum nötig, um diese Unternehmen im

---

28 „Europäischer Fonds zur Regionalen Entwicklung" (EU-Strukturförderprogramm) und „Regionale Wettbewerb und Beschäftigung" (Strukturförderprogramm des Landes) der Förderperiode 2007-2013

Jungbusch auch zukünftig zu halten und so die Chance auf einen *trickle-down* Effekt zu wahren.

Beide Parteien beschränken sich in der momentanen Diskussionslage auf vermeintliche Unvereinbarkeiten und übersehen dabei paradoxerweise wechselseitige Abhängigkeiten, in denen ihre Interessenslagen zueinander stehen:

Die Kreativwirtschaften profitieren vom Flair des multiethnischen Quartiers, das eine gewisse Toleranz in Bezug auf Lärm und Lebensstile impliziert.

Die Bewohner profitieren von einer positiveren Öffentlichkeits-Wahrnehmung des Stadtteils und dem Ende der sozialen Marginalisierung ihres Viertels. Es ist darüber hinaus zu betonen, dass sich die Lebensstile der migrantischen Bevölkerung sowie der Studenten und Kreativen hinsichtlich ihrer Finanzkraft und der von ihnen aufgebrachten (Lebens- und Lärm-) Toleranz prinzipiell gut miteinander vertragen.

Beide Seiten eint somit ein übergeordnetes Interesse, dass sich in der derzeitigen Zusammensetzung der Demographie wie auch in Bezug auf die Toleranz der im Quartier vorherrschenden Lebensstile, keine gravierenden Veränderungen ergeben. Sowohl die migrantischen Bewohner als auch die jungen Kreativwirtschafter können beiderseits kein Interesse an dem Einzug einer oberen Mittelklasse haben, die sich in eben diesen Punkten (Finanzkraft und Lebens- Lärmtoleranz) massiv von ihnen unterscheidet. Der schrittweise Einzug dieser Einkommensklasse, der gleichsam mit der Durchsetzung ihrer Bedürfnisse und Interessen verbunden ist, würde die Lebenswelt Jungbusch für beide Seiten drastisch verändern.

Meiner Einschätzung nach liegt den momentanen Konfrontationen weniger der Unmut über die derzeitige Situation, als vielmehr die Angst vor kommenden Entwicklungen zu Grunde.

Die Aufstockung von sozialen Fördermitteln, bei gleichzeitiger Lockerung der Sperrfristen sowie einer Festsetzung von Lärmschutzgrenzen zu bestimmten Abend- und Nachtzeiten für vereinzelte Straßenzüge, könnte ein Ansatz eines möglichen Kompromisses sein.

Obwohl in den aufgeführten Fragen nach innen nur selten Einigkeit besteht, sind alle Bewohner im Moment „nach außen hin immer noch Jungbuschler" (Ingo im Film „Transnationalmannschaft")

Literatur

Abu-Lughod, Lila. 1991. Writing against Culture. In *Recapturing anthropology*, hg von. Richard Gabriel Fox. School of American research advanced seminar series. Santa Fe, NM: School of American Research Press.
Alex, Gabriele. 2006. Integration und Parallelgesellschaften am Beispiel von Tamilen. In *masala.de*, hg von Christiane Brosius und Urmila Goel. Heidelberg: Draupadi.
Anderson, Benedict R. O'G. 2006. *Imagined communities*. Rev. ed. London [u.a.]: Verso.
Appadurai, Arjun. 1998. Globale ethnische Räume - Bemerkungen und Fragen zur Entwicklung einer transnationalen Anthropologie. In *Perspektiven der Weltgesellschaft*, hg von Ulrich Beck. Frankfurt a.M.: Suhrkamp.
Assmann, Jan. 1999. *Das kulturelle Gedächtnis*. C.H.Beck.
Augé, Marc. 1995. *Non-Places: Introduction to an Anthropology of Supermoderinty*. London [u.a.]: Verso
Baumann, Gerd. 1996. *Contesting Culture - Discourses of identity in multi-ethnic London*. Cambridge: Cambridge University Press.
Baumgärtner, Esther. 2009. *Lokalität und kulturelle Heterogenität - Selbstverortung und Identität in der multi-ethnischen Stadt*. Bielefeld: transcript.
Baumgärtner, Esther. 2009b. Vom sozialen zum kulturellen Brennpunkt: der Nutzen glokaler hybrider Jugendkultur für das Image eines Stadtraums. In *Beziehungsgeflecht minderheit: zum paradigmenwechsel in der kulturforschung, ethnologie Europas*, hg von Elka Chernokozheva. Waxmann Verlag, September.
Beck, Ulrich. 1997. *Was ist Globalisierung?* 3. Aufl. Edition Zweite Moderne. Frankfurt am Main: Suhrkamp.
Beck, Ulrich. 1998. *Politik der Globalisierung*. 1. Aufl. Edition Zweite Moderne. Frankfurt am Main: Suhrkamp.
Benjamin, Walter. 1967. *Der Flaneur*. Fischer.
Bergmann, Jörg R. 2006. Qualitative Methoden in der Medienforschung - Einleitung und Rahmung. In *Qualitative Methoden der Medienforschung*, hg von J. Bergman und R. Ayaß. Rowohlt-Taschenbuch-Verl.
Berry, Brain J.L. 1985. Islands of Renewal in Seas of Decay. In *The New Urban Reality*, hg von Paul E. Peterson. Washington D.C.: The Brookings Institution.
Binder, Beate 2009. *Streitfall Stadtmitte: der Berliner Schlossplatz*. Köln/Weimar: Böhlau Verlag.
Blasisus, Jörg. 2008. *Doppelt benachteiligt?Leben in einem deutsch-türkischen Stadtteil*. 1. Aufl. Wiesbaden: VS Verlag für Sozialwissenschaften.
Blasius, Jörg 1990. Gentrification. In: Beiträge zur empirischen Sozialforschung. Frankfurt/Main; New York: Campus-Verl.
Bolscho, Dietmar 2005. Transkulturalität - ein neues Leitbild für Bildungsprozesse. In *Transkulturalität und Identität*, hg von Asit Datta. Frankfurt a.M.: IKO
Bornewasser, Manfred, und Roland Wakenhut. 1999. Nationale und regionale Identität: Zur Konstruktion und Entwicklung von Nationalbewußtsein und sozialer Identität. In *Ethnisches und nationales Bewusstsein- Zwischen Globalisierung und Regionalisierung*, 41-64. Frankfurt a.M.: Europäischer Verlag der Wissenschaften.

Bourdieu, Pierre. 1983. Ökonomisches Kapital - Kulturelles Kapital - Soziales Kapital. In Soziale Ungleichheiten, hg von Reinhard Kreckel. Göttingen: Schwartz
Bourdieu, Pierre. 1998. *Praktische Vernunft*. Frankfurt am Main: Suhrkamp.
Bukow, Wolf-Dietrich, und Roberto J Llaryora. 1998. *Mitbürger aus der Fremde*. Opladen; Wiesbaden [u.a.]: Westdeutscher Verlag.
Certeau, Michel de. 1988. *The practice of everyday life*. University of California Press.
Christmann, Gabriela B. 2004. *Dresdens Glanz, Stolz der Dresdner: lokale Kommunikation, Stadtkultur und städtische Identität*. Wiesbaden: DUV.
Clifford, James, und Georg E. Marcus, Hrsg. 1986. Writing culture. Berkeley, Calif. [u.a.]: University of California Press.
Dancu, Andreea. 2009. *Leben in der Fremde: Empirische Studien über Green-Card-Inhaber und ihre Familien*. Münster: Waxmann Verlag.
Der Brockhaus Mannheim: 400 Jahre Quadratestadt, das Lexikon. 2006. F.A. Brockhaus.
Van Deth, Jan. 2003. „Measuring social capital. Othodoxies and continuing controversies". *International Journal of Social Research Methodology* 6 (1): 79-92.
Donges, Juergen B., Kai Menzel, und Philipp Paulus. 2003. *Globalisierungskritik auf dem Prüfstand: ein Almanach aus ökonomischer Sicht*. Stuttgart: Lucius & Lucius.
During, Simon. 1999. Editors Introduction to „Walking in the City". In *The cultural studies reader*, hg von. Simon During. London: Routledge.
Elias, Norbert. 1990. *Arbeiten zur Wissenssoziologie: Engagement und Distanzierung*. Frankfurt a.M.: Suhrkamp.
Evans, Grame und Monclús, Francisco Javier, Hrsg. 2006. Branding the City of Culture - The Death of city planing? In *Culture, urbanism and planning*. Hampshire: Ashgate Publishing, Ltd.
Fenton, Steve. 1999. *Ethnicity: racism, class and culture*. Basingstoke [u.a.]: Macmillan.
Florida, Richard L. 2006. *The rise of the creative class*. [Repr.]. New York, NY: Basic Books.
Friedmann, Helmut. 1968. *Alt-Mannheim im Wandel seiner Physiognomie, Struktur und Funktionen (1606-1965)*. Bundesforschungsanstalt für Landeskunde und Raumordnung Selbstverlag.
Friedrichs, Jürgen 1996. *Gentrification*. Opladen: Leske + Budrich.
Gabriel, Oscar W. 2002. Das Konzept des Sozialkapitals. In *Sozialkapital und Demokratie: Zivilgesellschaftliche Ressourcen im Vergleich*, hg von Oscar W. Gabriel, Volker Kunz, Sigrid Roßteutscher und Jan van Deth. Wien: WUV Universitätsverlag.
Geertz, Clifford. 1987. *Dichte Beschreibung*. Frankfurt am Main: Suhrkamp.
Gerndt, Helge. 1986. Kultur als Forschungsfeld. Über Volkskundliches Denken und Arbeiten. München
Glaser, Barney G, und Anselm L Strauss. 1967. *The Discovery of grounded theory*. New York: de Gruyter.
Glass, Ruth. 1963. London: Aspects of Change. Centre for Urban Studies, London: University College London
Glick-Schiller,Caglar, Guldbransen. 2006. Jenseits der "Ethnischen Gruppe" als Objekt des Wissens: Lokalität, Globalität und Inkorporationsmuster von Migranten. In *Die Macht des Lokalen in einer Welt ohne Grenzen*, hg von Helmuth Berking. Frankfurt am Main / New York: Campus.
Greenberg, Miriam. 2008. *Branding New York: how a city in crisis was sold to the world*. New York: Routledge.

Gunn, Simon. 2001. The spatial turn: changing histories of space and place. In *Identities in Space: Contested Terrains in the Western City since 1850*, hg von Simon Gunn / Robert J. Morris. Aldershot: Ashgate.
Gupta, Akhil, und James Ferguson. 1992. „Beyond ‚Culture': Space, Identity, and the Politics of Difference". *Cultural Anthropology* 7 (1) (Februar 1): 6-23.
Habit, Daniel. 2010. Mittelstädte, EU-Strukturpolitik und der Zwang zur Inszenierung. In *Mittelstadt - Urbanes Leben jenseits der Metropole*, hg von Brigitta Schmidt-Lauber, 139-154. Frankfurt am Main / New York: Campus Verlag.
Hannerz, Ulf. 1980. *Exploring the city.* New York: Columbia Univ. Press.
Hannerz, Ulf. 1992. *Cultural complexity.* New York: Columbia Univ. Press.
Hannerz, Ulf. 1996. *Transnational connections.* 1. Aufl. Comedia. London [u.a.]: Routledge.
Heinz, Marco. 1993. *Ethnizität und ethnische Identität.* Mundus-Reihe Ethnologie; 72; Bonn, Univ., Diss., 1993.
Herder, Johann Gottfried von. 1989. *Ideen zur Philosophie der Geschichte der Menschheit.* hg von Martin Bollacher. 1. Aufl. Bibliothek deutscher Klassiker; 41; Frankfurt am Main: Dt. Klassiker Verl.
Hobsbawm, Eric J. 2004. *Nationen und Nationalismus.* Erw. Aufl. Frankfurt [u.a.]: Campus.
Honer, Anne. 1993. *Lebensweltliche Ethnographie: ein explorativ-interpretativer Forschungsansatz am Beispiel von Heimwerker-Wissen.* Wiesbaden: DUV.
Horn, Michael, Rainer Lukhaup und Frank Swiaczny. 1999. *Ausländer in Mannheim: Migration und Integration im Wandel.* Mannheim: Geographisches Institut der Universität Mannheim.
Höffe, Ottfried. 2001. *Aristoteles: Politik.* Berlin: Akademie Verlag.
Häußermann, Hartmut, und Walter Siebel. 1993. *Neue Urbanität.* Frankfurt a.M.: Suhrkamp.
Institute of Australian Geographers. 1982. *Australian geographical studies.* Band 20-22.
Ipsen, Detlev. 1997. *Raumbilder.* Stadt, Raum und Gesellschaft (8). Pfaffenweiler: Centaurus-Verl.-Ges.
Jackson, Peter. 1989. *Maps of Meaning: An Introduction to Cultural Geography.* New York: Routledge.
Janßen, Andrea, und Ayca Polat. 2006. „Soziale Netzwerke türkischer Immigrantinnen und Immigranten". *Politik und Zeitgeschichte* APuZ 1-2.
Kaschuba, Wolfgang. 2004. Ost-Identitäten - Berliner Inszenierungen. Migration in der metropolitanen Gesellschaft. In *Migration in der Metropolitanen Gesellschaft. Zwischen Ethnisierung und globaler Neuorientierung*, hg von Markus Ottersbach / Erol Yildiz, 61-68. Münster u.a.: Lit-Verlag
Kaschuba, Wolfgang. 2006. *Einführung in die Europäische Ethnologie.* 3. Aufl. C.-H.-Beck-Studium. München: Beck.
Keim, Inken. 1995. Die westliche Unterstadt. In *Ethnographien von Mannheimer Stadtteilen*, hg von. Werner Kallmeyer. Berlin: Walter de Gruyter.
Kleger, Heinz. 1997. *Transnationale Staatsbürgerschaft.* Frankfurt: Campus Verlag.
Koch, Gertraud. 2010. Kulturelle Vielfalt als Ausdruck von Urbanität? Migranten in Friedrichshafen. In *Mittelstadt - Urbanes Leben jenseits der Metropole*, 223- 234. Frankfurt am Main / New York: Campus Verlag.
Kokot, Waltraud 1991. *Ethnologische Stadtforschung.* Ethnologische Paperbacks. Berlin: Reimer.

Krämer, Stefan, und Katrin Zapf. 1990. Wohnungsneubau in der Mannheimer Innenstadt. In *Gentrification - Die Aufwertung innenstadtnaher Wohnviertel*, hg von Jörg Blasius / Jens Dangschat. Frankfurt a. M.: Campus Verlag.
Lang, Barbara. 1998. *Mythos Kreuzberg*. Frankfurt [u.a.]: Zugl.: Berlin, Humboldt-Univ., Diss., 1996.
Leicht, Rene. 2005. *Türkischstämmige Existenzgründer und Selbständige in Mannheim – eine Bestandsaufnahme*. Projektbericht Nr.1. „Qualifizierungsbedarf und wirtschaftliche Probleme unter türkischstämmigen Existenzgründern und Selbständigen in Mannheim". Mannheim: Institut für Mittelstandsforschung - Universität Mannheim.
Lin, Jan 2010. *The urban sociology reader*. Repr. The Routledge urban reader series. London [u.a.]: Routledge.
Lindner, Rolf. 2007. *Die Entdeckung der Stadtkultur: Soziologie aus der Erfahrung der Reportage*. Frankfurt a.M.: Campus Verlag.
Läpple, Dieter. 1991. Essay über den Raum. Für ein gesellschaftswissenschaftliches Raumkonzept. In *Stadt und Raum*, hg von H. Häußermann. Pfaffenweiler: Centaurus Verlag.
Löw, Martina. 2001. *Raumsoziologie*. Frankfurt am Main: Suhrkamp.
Löw, Martina, Silke Steets, und Sergej Stoetzer. 2007. *Einführung in die Raum- und Stadtsoziologie*. Opladen & Farmington Hills: Verlag Barbara Budrich.
Marcus, George E. 1995. „Ethnography in/of the World System: The Emergence of Multi-Sited Ethnography". *Annual Review of Anthropology* 24 (1) (Oktober): 95-117.
Marcuse, Peter. 2006. Die "Stadt" - Begriff und Bedeutung. In *Die Macht des Lokalen in einer Welt ohne Grenzen*, hg von Helmuth Berking. Frankfurt am Main / New York: Campus Verlag.
Martin, Hans-Peter, und Harald Schumann. 1997. *Die Globalisierungsfalle*. 14. Aufl. Reinbek bei Hamburg: Rowohlt.
Mitchell, J. Clyde. 1983. „Case and Situation Analysis". *The Sociological Review* 31 (187-211).
Nestvogel, R. 2003. Interkulturelles Lernen. In *Entwicklungspädagogik - Globales Lernen - Internationale Bildungsforschung*, hg von G. Lang-Wojtasik / C. Lohrenscheidt, 186-194. Frankfurt a.M.: IKO
Noé, Nora. 2010. *Zwischen Jungbusch und Filsbach: Roman*. Lindemanns Bibliothek.
Park, Robert E. 1928. „Human Migration And The Marginal Man". *The American Journal of Sociology* 33 (6).
Park, Robert E., Ernest Watson Burgess, und Roderick Duncan McKenzie. 1984. *The city*. University of Chicago Press.
Pratt, Andy C. 2008. „Cultural Commodity Chains, Cultural Clusters, or Cultural Production Chains?" *Growth and Change* 39 (1) (März 1): 95-103.
Pries, Ludger. 1998. Transnationale Soziale Räume. Theoretisch-empirische Skizze am Beispiel der Arbeitswanderungen Mexico - USA. In *Perspektiven der Weltgesellschaft*, hg von Ulrich Beck. Frankfurt a.M.: Suhrkamp.
Probst, Hansjörg. 2005. *Kleine Mannheimer Stadtgeschichte*. Regensburg: Pustet.
Pufendorf, Samuel von. 1672. *Samuelis Pufendorfii De jure naturae et gentium libri octo*. Londini Scanorum: Junghans.
Rapport, Nigel, und Joanna Overing. 2000. *Social and cultural anthropology: the key concepts*. London: Routledge.
Raz, J. 1995. „Multikulturalismus: eine liberale Perspektive". *Deutsche Zeitschrift für Philosophie* 43: 307-327.

Riegel, Christine 2007. *Jugend, Zugehörigkeit und Migration*. Wiesbaden: VS Verlag für Sozialwissenschaften
Sassen, Saskia. 1991. *The global city*. Princeton, NJ: Princeton Univ. Pr.
Schiffauer, Werner. 1991. *Die Migranten aus Subay*. Stuttgart: Klett-Cotta.
Schiffauer, Werner. 1997. *Fremde in der Stadt*. 1. Aufl. Suhrkamp-Taschenbuch; 2699; Suhrkamp-Taschenbuch 2699. Frankfurt am Main: Suhrkamp.
Schiffauer, Werner. 2008. *Parallelgesellschaften - Wie viel Wertekonsens braucht unsere Gesellschaft? Für eine kluge Politik der Differenz*. Bielefeld: transcript.
Schiffauer, Werner, und Helmuth Berking. 2006. Transnationale Solidaritätsgruppen, Imaginäre Räume, Irreale Konditionalsätze. In *Die Macht des Lokalen - in einer Welt ohne Grenzen*. Frankfurt am Main / New York: Campus.
Schmidt Hornstein, Caroline. 1995. *Das Dilemma der Einbürgerung*. Opladen: Leske + Budrich.
Schöfthaler, T. 1984. „Multikulturelle und transkulturelle Erziehung: Zwei Wege zu kosmopolitischen Kulturellen Identitäten?" *International Review of Education* 30: 11-24.
Schütz, Alfred, Hrsg. 1971. *Das Problem der sozialen Wirklichkeit*. Den Haag: Nijhoff.
Siebert, Horst. 2005. Interkulturelle Pädagogik - konstruktivistisch betrachtet. In *Transkulturalität und Identität*, hg von. Asit Datta, 39-50. Frankfurt a.M.: IKO.
Smith, Neil. 1993. Gentrification in New York City. In *New York: Strukturen einer Metropole*, hg von Hartmut Häußermann / Walter Siebel. Berlin: Suhrkamp.
Smith, Neil. 1996. *The New Urban Frontier: Gentrification And The Revanchist City*. London, New York: Routledge.
Stehr, Nico, und Reiner Grundmann. 2005. *Knowledge*. London: Routledge.
Stockert, Harald. 2011. 400 Jahre Mannheimer Stadtgeschichte - 400 Jahre Migration Vortrag am 23. Februar 2010.
Strathern, Marylin. 1987. The Limits of Auto-Anthropology. In *Anthropology at home*, hg von Anthony Jackson. London: Routledge.
Sökefeld, Martin. 2003. Strukturierte Interviews und Fragebögen. In *Methoden und Techniken der Feldforschung*, hg von Bettina Beer. Berlin: Reimer.
Sökefeld, Martin. „Translokalität und Identität. Das Problem räumlicher Grenzen in der Ethnologie am Beispiel der Stadt Gilgit, Nordpakistan". *Zeitschrift für Ethnologie* (124): 51-72.
Tertilt, Hermann. 1996. *Turkish Power Boys*. Frankfurt am Main: Suhrkamp.
Veer, Peter van der. 1997. The Enigma of Arrival: Hybridity and Authenticity in the global Space. In *Debating Cultural Hybridity: Multi-Cultural Identities and the Politics of Anti-Racism*, hg von Pnina Werbner /Tariq Modood. London: Zed Books.
Welsch, Wolfgang. 1995. „Transkulturalität". *Zeitschrift für Kulturaustausch*: 39-44.
Welsch, Wolfgang. 1994. Transkulturalität - Die veränderte Verfassung heutiger Kulturen. In: *VIA REGIA – Blätter für internationale kulturelle Kommunikation*, herausgegeben vom Europäischen Kultur- und Informationszentrum in Thüringen (Heft 20/ 1994,).
Wieviorka, Michel. 2003. *Kulturelle Differenzen und kollektive Identitäten*. Hg von. Ronald Hamburg: Hamburger Edition.
Wirth, Louis. 1938. *Urbanism as a way of life*. Chicago: Irvington Publisher.
Wittgenstein, Ludwig. 1971. *Philosophische Untersuchungen*. Frankfurt a. M.: Suhrkamp.
Wittgenstein, Ludwig. 1984. *Bemerkungen über die Philosophie der Psychologie. Letzte Schriften über die Philosophie der Psychologie*. Frankfurt am Main: Suhrkamp.
Çil, Nevim. 2007. *Topographie des Aussenseiters*. Berlin/Tübingen: Verlag Hans Schiler.

Internetquellen

Aydurmus, Didem. 2008. *Identität(en) - Die Problematik von Klassifikationsschemata anhand von Rasse, Ethnie oder Nation.* Abgerufen am 20.4.2011 unter http://www.grin.com/e-book/139061/identitaet-en-die-problematik-von-klassifikationsschemata-anhand-rasse#inside.

Beck, Ulrich. Bundeszentrale für politische Bildung - Druck-Version: Europäisierung - Soziologie für das 21. Jahrhundert - Aus Politik und Zeitgeschichte (APuZ 34-35/2005). Abgerufen am 3.2.2011 unter http://www.bpb.de/popup/popup_druckversion.html?guid=T13BF4.

Bräunlein, Perter J., und Andrea Lauser. 2002. Grenzüberschreitungen, Identitäten, Einleitung zu kea 10, 1997. *kea- Zeitschrift für Kulturwissenschaften.* Abgerufen am 30.11.2009 unter http://www.kea-edition.de/einlei~1.htm.

Bröckling, Ulrich. 2010. Kreativ? Das Wort ist vergiftet! In: DIE ZEIT. November 4. Abgerufen am 30.11.2010 unter http://www.zeit.de/2010/45/Interview-Broeckling/seite-1.

Löw, Martina, Helmuth Berking, und u.a. 2011. *Die Mannheim Studie - zur Eigenlogik Mannheims.* Darmstadt: Stadtforschungsschwerpunkt der Technischen Universität Darmstadt. Abgerufen am 29.6.2011 unter http://www.mannheim2020.de/sites/default/files/pdf/mannheim_studie_flipbook/index.html.

Schiffauer, Werner. 2002. *Kulturelle Identitäten* gehalten auf der 52. Lindauer Psychotherapiewochen 2002, April 17, Abgerufen am 7.3.2011 unter www.Lptw.de.

Statistikstelle Stadt Mannheim. Einwohner mit Migrationshintergrund | Mannheim.de. Abgerufen am 20.4.2011 unter http://www.mannheim.de/stadt-gestalten/einwohner-migrationshintergrund.

Homepage des Hafen Mannheim. Abgerufen am 1.7.2011 unter www.hafen-mannheim.de

Homepage des Rangierbahnhofs Mannheim. Abgerufen am 1.7.2011 unter http://home.arcor.de/mrbland/

Zeitungen

Mannheimer Morgen vom 7.1.1982
Mannheimer Morgen Großdruckerei und Verlag GmbH

Mannheimer Morgen vom 11.12.2009
Mannheimer Morgen Großdruckerei und Verlag GmbH

Mannheimer Morgen vom 9.7.2010
Mannheimer Morgen Großdruckerei und Verlag GmbH

Mannheimer Morgen vom 15.7.2011
Mannheimer Morgen Großdruckerei und Verlag GmbH

Danksagung

An dieser Stelle möchte ich mich bei denjenigen bedanken, die mich auf dem Weg zu dieser Arbeit begleitet haben.

Janina Klabes bin ich zu großem Dank verpflichtet. Sie investierte als Korrektorin viel Zeit und Mühen in diese Arbeit und forderte mich als „Jungbusch-*Insiderin*" inhaltlich immer wieder heraus.

Ich danke ebenfalls meiner Betreuerin Frau Prof. Dr. Christiane Brosius, die mich mit ihrem Enthusiasmus und ihren Ideen immer wieder neu motivierte und vorantrieb. Ihr verdanke ich zudem meine Rückbesinnung auf die Ethnologie.

Großer Dank gebührt ebenfalls Sebastian Lentz, der mich als väterlicher Freund während der Examenszeit und meines gesamten Studiums immer wieder von neuem dazu ermutigte, meinen Anspruch hochzuhalten und mir stets zur Seite stand. Mit ihm – wie an ihm – durfte ich meine Einschätzung zu Lebens- und Wissenschaftsfragen schärfen.

Danken möchte ich ebenfalls meinen Informanten Saki, Nawal und Muchu für das von ihnen entgegengebrachte Vertrauen, genauso wie ich Michael Scheuermann, Sebastian Dresel und den vielen anderen Experten danken möchte, durch deren *Insider*-Wissen und Aussagen diese Arbeit bereichert wurde.

Ute Schick möchte ich für ihre Unterstützung und ihre Arbeit bei der Produktion von „Transnationalmannschaft" danken, nicht nur weil der Film auch Datengrundlage dieser Arbeit ist, sondern weil sie mir zeigte, was es bedeutet, seinen Protagonisten/Informanten gerecht werden zu wollen.

Selbstverständlich möchte ich mich bei allen weiteren Korrektoren und Helfern bedanken, die mich bei dieser Arbeit unterstützt haben, allen voran bei meinem alten Freund Daniel Huhn. Ebenso gebührt mein großer Dank Laila Abu-Er-Rub, Hans-Martin Kunz, Ali Badakhshan Rad und Stefan Besthorn.

Vor allem aber möchte ich meiner Familie und insbesondere meinen Eltern danken. Sie haben mich im Laufe meiner Studienzeit kontinuierlich unterstützt und mich trotz ihrer anfänglichen Skepsis in meiner Absicht bestärkt, ein geisteswissenschaftliches Studium aufzunehmen. Ihnen ist diese Arbeit gewidmet.

Philipp Kohl

MIX
Papier aus verantwortungsvollen Quellen
Paper from responsible sources
FSC® C105338

If you have any concerns about our products,
you can contact us on
ProductSafety@springernature.com

In case Publisher is established outside the EU,
the EU authorized representative is:
Springer Nature Customer Service Center GmbH
Europaplatz 3, 69115 Heidelberg, Germany

Printed by Libri Plureos GmbH
in Hamburg, Germany